Empirical and Evaluation Research on Targeted Poverty Alleviation
by Tourism in Anhui Province

安徽旅游精准扶贫实证及评价研究

丁红梅　谢晶晶　程晋石　著

中国科学技术大学出版社

内容简介

本书在系统梳理、研究国内外相关文献的基础上,对安徽旅游精准扶贫的效果进行实证分析及评价研究。介绍了安徽旅游产业与安徽经济发展的协调状况,研究了安徽旅游精准扶贫的具体路径,评价了安徽旅游精准扶贫的效果,旨在为相似区域如何巩固旅游精准扶贫工作的效果提供建议,并为乡村振兴如何促推乡村旅游提供相应的发展方向。

本书可供经管类本科生及研究生学习参考,也可供相关工作人员参考阅读。

图书在版编目(CIP)数据

安徽旅游精准扶贫实证及评价研究/丁红梅,谢晶晶,程晋石著. —合肥:中国科学技术大学出版社,2023.7

ISBN 978-7-312-05629-1

Ⅰ. 安… Ⅱ. ①丁… ②谢… ③程… Ⅲ. 地方旅游业—扶贫—研究—安徽 Ⅳ. F592.754

中国国家版本馆 CIP 数据核字(2023)第 064759 号

安徽旅游精准扶贫实证及评价研究

ANHUI LÜYOU JINGZHUN FUPIN SHIZHENG JI PINGJIA YANJIU

出版	中国科学技术大学出版社
	安徽省合肥市金寨路96号,230026
	http://press.ustc.edu.cn
	https://zgkxjsdxcbs.tmall.com
印刷	安徽省瑞隆印务有限公司
发行	中国科学技术大学出版社
开本	710 mm×1000 mm　1/16
印张	7.75
字数	156 千
版次	2023 年 7 月第 1 版
印次	2023 年 7 月第 1 次印刷
定价	50.00 元

前　言

　　旅游精准扶贫，是指在具有一定旅游资源、区位优势和市场基础的贫困地区采取精准有效的扶贫措施，通过旅游产业开发带动整个区域发展、群众脱贫致富的一种扶贫开发方式。本书在国家开展精准扶贫、精准脱贫的大背景下，研究了安徽省旅游精准扶贫的现状，对不同区域的旅游精准扶贫效率进行了测度，构建了旅游精准扶贫多维绩效评价指标体系，并就如何巩固旅游精准扶贫效果，形成脱贫长效机制以及乡村振兴如何促推乡村旅游，形成旅游高质量发展和乡村生态及人居环境不断优化的良性循环，进行了有益的探讨，具有较好的理论意义和现实意义。

　　本书主要采用实地调查法和定量分析法，对安徽省旅游产业与区域经济发展耦合度、旅游精准扶贫效率及旅游扶贫下居民与社区参与度等问题进行深入探讨。主要的研究内容如下：

　　第1章介绍了旅游业的发展现状、旅游扶贫的长效机制等问题，阐述了本书研究的理论意义、现实意义及应用意义，对旅游业及旅游扶贫的相关研究进行了总结，并对本书的框架及创新点进行了归纳。本章内容为后续研究提供了较好的理论依据。

　　第2章介绍了安徽省旅游业发展对安徽经济的影响、旅游产业与区域经济发展的耦合协调度（以黄山市为例）及旅游产业与城市化发展的耦合协调度（以合肥市为例），对安徽旅游业与区域经济的关系进行基本的介绍，为后文的分析打下了基础。首先，对安徽省旅游业发展的基本情况进行了介绍。经过多年的发展，旅游业产值逐年提升,成为安徽省的支柱产业,通过计量模型实证分析,发现安徽旅游收入对安徽经济影响显著,需进一步推动安徽旅游业的发展。接着,对黄山市旅游产业与区域经济的耦合发展状况进行了实证分析,这种分析使读者对旅游产业与区域经济的关系有了更加直观的认识,并且所采用的耦合协调度模型使分析结果更有说服力。最后,以安徽省省会合肥市为研究对象,同样采用耦合协调度模型对合肥市2004—2012年旅游产业与城市化耦合协调发展状况进行了实证分析。通过构建旅游产业评价指标体系与城市化评价指标体系,对两者的耦合关系进行了详细的分析,并得出了一些有益的结论。本章的研究工作为后续章节的研究提供了理论基础及分析依据。

第3章运用 DEA(Data Envelopment Analysis,数据包络分析)法与 MI(Malmquist Index,曼奎斯特指数)法对安徽省旅游精准扶贫效率进行了测度,对安徽省安庆市及皖北地区的旅游精准扶贫效率及各自的时间演进情况进行了详细的分析,得出了一些有益的结论。首先,对安庆市2011—2017年8个县(市)的旅游扶贫效率及效率变化进行测度,并根据效率状态随时间的变化编制出该地区8个县(市)的旅游扶贫效率演进模式表。接着,又对安庆市扶贫效率的空间分异进行了分析,得出了经济发展较快的县(市)扶贫效率不一定高,而人均 GDP 增长较慢的县(市)旅游综合扶贫也可能有效的结论。最后,采用 DEA 法对2013—2018年皖北地区8个县的旅游扶贫效率进行测度,并运用 MI 法测算了各地区旅游扶贫效率的变化程度。这种实证分析使读者对皖北地区的旅游精准扶贫情况有了更加直观的了解,得出的分析结果有较强的说服力。

第4章以安徽省金寨县天堂寨贫困居民为调查对象,构建贫困居民生活感知满意度的概念模型,对贫困居民参与旅游发展的情况进行调查。在本章中,首先探讨了贫困居民生活感知满意度的影响因素,包括基础设施、文化教育、经济条件、社会和谐、扶贫参与、生态环境、生活成本7个维度,分析了各个因素对贫困居民生活感知满意度的影响程度,其中,基础设施对其影响最大,其次为经济条件、社会和谐、扶贫参与、文化教育、生态环境、生活成本。接着,结合案例地的实际情况,从三个方面建立了社区参与传统乡村旅游开发模式,即构建政府、旅游企业和居民三位一体的旅游经营管理模式;构建政府监督,按资本和劳动力要素协调的利润分配模式;构建政府引导,企业、居民共同学习的可持续发展模式,以便更好地促进贫困居民参与旅游开发,实现脱贫的目标。

第5章基于前期的研究与调研数据,从利益再分配的角度出发,结合精准扶贫的内涵,构建精准扶贫多维绩效评价指标体系,运用模糊数学评判法,对安徽省金寨县精准扶贫的绩效进行实证研究。探索了乡村旅游精准扶贫的利益构成主体,构建了乡村旅游精准扶贫效果评价体系,搭建了监督平台保障旅游扶贫的深入开展,优化了利益再分配扶贫效果评价体系。旅游扶贫是一项复杂的民生工程,涉及多个利益相关者,只有协调好利益相关者的权益,平衡好利益主体的权利,才能达到旅游扶贫的效果。

第6章对本书内容进行了总结,并对未来的延续性研究进行了展望。

本书对相关领域的贡献表现为以下几点:

(1) 对安徽省旅游精准扶贫的现状进行调研,进行了资源识别、政策环境分析,剖析了安徽旅游精准扶贫面临的困境及存在的不足,是旅游精准扶贫理论研究的重要补充。

(2) 采用DEA法和MI法对皖南、皖中、皖北的旅游精准扶贫效率进行测度,分析旅游扶贫效率的时序演变模式及空间分异特征。探讨乡村振兴战略背景下安徽旅游精准扶贫路径,将乡村振兴与乡村旅游可持续发展结合起来分析,探讨两者的融合机理,寻求其协同发展模式,具有现实针对性和应用前景。

(3) 采用理论分析、实证研究方法,并借助协同理论开展协同经济学方面的研究,在经济研究领域也有一定的特色。

本书第1章由丁红梅和谢晶晶合作完成,第2、3、6章由丁红梅完成,第4、5章由谢晶晶完成,程晋石对本书的整体架构设计及修改给出了建议,并审校书稿。

在本书出版之际,笔者要感谢很多从事学术研究的老师和朋友,他们在本书的撰写过程中对本书的主要思路和内容给予了宝贵的意见。同时,也要感谢我们的家人,没有他们的支持与鼓励,也不会有本书的完成。本书的出版得到了国家自然科学基金(项目编号:71771002)和相关经费的资助,在此表示衷心感谢。

鉴于笔者能力有限,书中难免存在不足之处,恳请读者批评指正。

作者

2022 年 8 月 30 日

目 录

前言 ……………………………………………………………………（ⅰ）

第1章 绪论 …………………………………………………………（1）
  1.1 旅游发展及旅游扶贫 ……………………………………（1）
  1.2 研究意义 …………………………………………………（3）
  1.3 相关研究 …………………………………………………（5）
  1.4 研究思路及内容 …………………………………………（10）
  1.5 研究方法及创新点 ………………………………………（12）

第2章 安徽省旅游业发展现状 ……………………………………（18）
  2.1 安徽省旅游业发展对安徽经济的影响 …………………（18）
  2.2 旅游产业与区域经济发展耦合协调度分析 ……………（27）
  2.3 旅游产业与城市化耦合协调度分析 ……………………（36）

第3章 安徽省旅游精准扶贫效率测度 ……………………………（47）
  3.1 基于DEA-MI的旅游精准扶贫效率测度及空间分异研究 …（47）
  3.2 基于DEA-MI的皖北旅游精准扶贫效率评价研究 ………（59）

第4章 安徽省旅游精准扶贫下居民与社区参与度 ………………（70）
  4.1 基于旅游扶贫视角的贫困居民生活感知分析 …………（71）
  4.2 精准扶贫背景下传统村落旅游开发的社区参与模式 …（83）

第5章 安徽省旅游精准扶贫综合评价 ……………………………（95）
  5.1 贫困地区精准扶贫多维绩效综合评价 …………………（96）

5.2 基于利益再分配的安徽省乡村旅游精准扶贫效果评价体系优化 ……………………………………………………………………（103）

第 6 章　总结与展望 …………………………………………（113）
　　6.1　总结 ……………………………………………………（113）
　　6.2　展望 ……………………………………………………（115）

第 1 章 绪 论

1.1 旅游发展及旅游扶贫

1.1.1 旅游业发展的意义

改革开放 40 多年来,中国经济保持高速发展,取得了举世瞩目的成就,中国已成为世界第二大经济体。伴随着经济的发展,人民的收入与生活水平也在提高,消费方式也在改变,由过去的重视物质产品消费过渡到现在的重视精神享受。在此背景下,旅游越来越频繁地走进人们的生活,一方面开阔了人们的视野,陶冶了情操,使人们更加贴近大自然;另一方面在带给游客欢乐的同时也促进了当地经济的发展,提高了人们的生活水平。近些年,随着旅游对经济发展的带动作用越发显著,政府加大了对旅游业的投入,不断涌现的旅游企业及逐年增长的旅游客源使旅游业快速发展。

在改革开放的新形势下,随着新方法与新思想的流入,以前的旅游观念被颠覆,旅游不再仅仅是到旅游目的地游玩。如今,旅游包含了"吃、住、行、游、购、娱"六大要素,旅游业成为了一个综合产业。旅游业在发展的同时也带动了其周边产业的发展,成为了充满活力的经济增长点,在扩大就业、推进城乡建设、提高人民生活水平等方面发挥了巨大的作用。由于旅游业的发展带来了经济效益,促进了地区发展,提高了人民的生活水平,国务院在政府报告中强调了旅游业发展的重要性,将旅游业看作拉动国民经济的重要增长点。

旅游业是当前发展较快、关联度较高、可持续发展的综合性产业之一,已成为世界公认的朝阳产业。"十一五"以来,安徽省委、省政府提出了"加快推进我省由旅游资源大省向旅游产业大省乃至旅游经济强省"发展的战略,旅游业得到了长足发展,逐步成为安徽省国民经济的重要支柱产业。当前旅游业发展势头强劲,其产业地位不断提升,对区域经济增长和社会发展的贡献不断增大。与此同时,区域经济的快速发展对旅游业的发展也起到了一定的推动作用。从现有的关于旅游业发展的文献来看,学者们做了大量有价值的工作,如近年来旅游业的发展历程、旅游业的现状、旅游业对经济的贡献以及旅游业发展与区域经济的相互作用与影响等。

1.1.2 旅游扶贫的长效机制

我国经济迅速发展,社会持续进步,科技水平的提升促使生产力不断提高,居民的可支配收入随之有所增长,国民的休假日已达全年的1/3。再加上国内外名胜古迹、著名景点在节假日总是人山人海,这一系列因素反而为经济、方便、舒适的乡村旅游带来了发展机会。乡村旅游集短途、经济、娱乐、度假、回归自然于一体,实施乡村旅游,有利于调整优化乡村产业结构,带来就业岗位,从本质上激发了乡村发展的活力,形成良性循环,有利于乡村经济的发展和生态文明的构建。

习近平总书记在党的十九大报告中提出了"实现乡村振兴战略",农业、农村、农民问题是关系国计民生的根本性问题,必须始终把解决好"三农"问题作为全党工作的重中之重。要坚持农业、农村优先发展,按照产业兴旺、生态宜居、乡风文明、治理有效、生活富裕的总要求,建立健全城乡融合发展体制机制和政策体系,加快推进农业、农村现代化。2018年,中央"一号文件"将乡村振兴的战略部署具体化。乡村振兴有利于我国许多困难问题的解决,如乡村发展不协调、生态文明建设不足、城乡发展不平衡等。

贫困问题作为一个世界各国都在研究和攻克的难题,它贯穿于人类的整个发展史。联合国成立初期就将消除贫困纳入《联合国宪章》,我国在1978年改革开放以后,认识到贫困问题的严重性,并为之作出了巨大的努力。为了解决脱贫攻坚的难题,2013年11月,习近平总书记作出了"精准扶贫"的重要指示。精准扶贫是指根据贫困地方人群各不相同的实际情况,运用科学合理的对策,准确识别、帮助和管理贫困人群,从而达到控制贫困的效果。旅游精准扶贫是指在具有旅游资源优势的贫困地区,针对不同的贫困原因、不同的贫困人群,采取精准有效的扶贫开发措施的一种扶贫开发方式,通过旅游业的发展带动整个地区的发展,帮助人们脱贫致富。在2015年减贫与发展高层论坛上,习近平总书记强调在扶贫工作中要坚持中国制度的优势,实施精准扶贫战略,注重6个精准:扶持对象精准、项目安排精准、资金使用精准、措施到户精准、因村派人精准、脱贫成效精准。同年,旅游扶贫纳入推进实施精准扶贫的十大工程之一。2016年,国家旅游局、扶贫办等部门发布了《关于印发乡村旅游扶贫工程行动方案的通知》,乡村旅游扶贫成为贫困地区脱贫的重要途径。在乡村旅游精准扶贫中,如何保障各方的利益,对于顺利完成脱贫攻坚的任务具有重要的意义。2020年是我国精准扶贫的收官之年,扶贫工作走向了另一个阶段。

1.1.3 对旅游扶贫的评价

随着我国扶贫工作的开展,脱贫攻坚战已经进入了关键阶段。贫困地区的基础设施落后、经济发展水平低下,通过扶贫可以改善这种局面。然而扶贫工作的绩效到底如何以及下一阶段贫困地区减贫工作的重点是什么,都需要通过评估全面了解,以便有针对性地制定扶贫战略规划。

旅游扶贫是一种重要且有效的扶贫方式,在旅游资源富集的贫困地区开展旅游扶贫工作可达到减贫的效果。我国贫困地区与生态旅游资源的空间分布高度重叠,而且主要集中在中西部地区。旅游业是典型的劳动密集型产业,具有就业门槛低、产业关联性强等特点,能够直接或间接地带动当地经济的发展,改善生态环境和社会文化环境,其与扶贫有着天然的耦合性。为确保贫困地区如期完成减贫目标,国家和地方相继出台了一系列政策法规支持旅游扶贫,如《中国农村扶贫开发纲要(2011—2020年)》《关于实施乡村旅游富民工程推进旅游扶贫工作的通知》《关于支持深度贫困地区旅游扶贫行动方案》等。由此可见,乡村旅游成为农村贫困人口脱贫的重要途径和方式,是我国扶贫事业的主力军,旅游扶贫效益初显。然而,受限于扶贫开发的大背景,部分地区开展的旅游扶贫较为粗放,旅游扶贫工作"走过场",追求短期利益,导致不同地区的受益不均,制约了旅游扶贫的效果,不能真实反映旅游扶贫绩效,脱离了"真扶贫、扶真贫"的核心目标。

脱贫攻坚的完成意味着接下来将进入全面推进乡村振兴阶段。在下一步的乡村振兴中,乡村旅游同样需要重视。2021年成立的国家乡村振兴局将巩固拓展脱贫成果、防止返贫作为当时的重要任务。因此,对乡村旅游的旅游扶贫政策绩效展开研究,能够有效指导已经脱贫的地区巩固旅游扶贫成效,为下一步政策的制定与执行提供借鉴。

1.2 研究意义

1.2.1 理论意义

旅游业是当前发展较快、关联度较高、可持续发展的综合性产业之一,已成为世界公认的朝阳产业。"十一五"以来,安徽省委、省政府提出了"加快推进我省由旅游资源大省向旅游产业大省乃至旅游经济强省"发展的战略,旅游业得到了长足发展,逐步成为国民经济的重要支柱产业。本书从安徽省旅游业发展的历程、现状着手,分析旅游业对安徽经济发展的贡献,并在此基础上,为安徽旅游业的今后发展提供相应的理论支撑。

1.2.2 现实意义

本书采用了耦合协调度模型对旅游产业与城市化耦合协调发展状况进行了分析。通过构建旅游产业评价指标体系与城市化评价指标体系,对两者的耦合关系进行了详细的分析,并得出了一些有益于地区经济发展的结论。

旅游扶贫与传统扶贫方式有本质的不同,旅游业是开放式产业,旅游业的发展在带来经济效益的同时,也给当地带来了负面效应,这会影响旅游业的可持续发展,因此旅游精准扶贫要考虑更多的要素,如扶贫对象、旅游项目、居民参与度和认可度以及居民受益程度等。一些旅游资源较为丰富的地区通过发展旅游,经济水平有了很大的提高,但是相关的文化、社会、环境问题不断凸显出来,导致地区旅游吸引力逐渐减弱。本书通过对旅游扶贫工作进行调查,从三个方面建立了社区参与传统乡村旅游开发模式,即构建政府、旅游企业和居民三位一体的旅游经营管理模式;构建政府监督,按资本和劳动力要素协调的利润分配模式;构建政府引导,企业、居民共同学习的可持续发展模式,这对于地区的旅游开发、规划、运营都有实际意义,可推动地区旅游扶贫项目的开展。同时,以贫困居民为研究对象,结合多维扶贫理论,构建多维贫困居民生活感知满意度评价指标,并分析影响贫困居民生活感知的因素,这对地区旅游扶贫工作的开展具有一定的现实意义,为实施精准扶贫提供了合理的依据。

1.2.3 应用意义

贫困地区的扶贫绩效已经引起了学术界的关注,有关扶贫绩效的研究方法主要为回归分析、层次分析、模糊评价,研究多从扶贫资金使用、扶贫项目效益、扶贫方式等方面进行,评估模式主要有扶贫开发理论和模型2个角度,研究成果较为丰硕。但是研究重点集中在连片特困地区以及少数民族贫困地区,所使用的方法中定性研究较多,定量研究从某个切入点静态或动态地进行评价,在绩效评估的模型构建和指标选取上还有待完善。因此,基于多维贫困理论,从多个角度构建扶贫评价指标体系,可以丰富扶贫绩效的评估方法,以期能综合反映贫困地区在扶贫直接效果、经济发展水平、社会发展水平、生产生活条件等方面的综合扶贫效果。提出的研究内容也可为相关学科中的某些部分提供更为具体的案例模型及策略分析。此外,研究成果可直接为扶贫模型构建与管理提供理论框架和具体实施方法,并增强研究成果应用的可操作性。

1.3 相关研究

1.3.1 旅游业与经济发展的研究

英国早在19世纪中期就创建了世界第一家旅行社,随着第一家旅行社的建立,意味着旅游业正式出现。随后,旅游业在经济发展中发挥了促进作用,而且这种作用非常显著。随着旅游业的发展,旅游业的经济效益被越来越多的学者关注,相关研究开始增加。针对旅游业经济问题的探讨、分析、研究,最早深入钻研的学者是Bodio,其分析了意大利旅游业的发展情况,这开启了学者对现代旅游业促进经济增长的研究之路[1]。

国外很早就已经开始探讨旅游业发展、经济增长两者之间的关系,很多学者开展实证探讨、理论研究,同时形成了丰富的成果与经验。从研究情况来看,大体包括3种关系:其一,显著的正向促进关系;其二,显著的负向影响关系;其三,两者不存在显著关系。结合当前的研究结果来看,最主流的观念为两者的关系表现为相互促进与影响。在旅游经济发展、国民经济增长两者的关系研究中,目前国外学者主要采取实证研究居多。P. Narayan和S. Narayan等分析指出,旅游业发展在国民经济发展中表现为正向促进关系,而且这种关系表现出长期稳定性[2]。而C. Massidda和P. Mattana的研究选择了以意大利入境旅游为分析对象,探讨其在经济上的贡献,结果发现国际入境旅游的发展推动了当地经济的快速增长。不过与其他欧洲国家相比,意大利旅游经济贡献表现出不稳定的特点[3]。R. R. Kumar和R. Kumar以数据作为分析基础,对旅游业在促进经济增长上的假设进行了验证[4],也有学者研究分析了旅游的国际趋势[5]。而N. Ishikawa和M. Fukushige选择日本为分析对象,探讨了该地区旅游业、经济增长两者之间的联系,通过研究指出,旅游业对国民经济增长有着正向影响力,并且这种正向影响力有着长期性、稳定性的特征[6]。M. Holzner以中低收入国家为研究对象,指出国民经济中旅游业地位呈现上升趋势[7]。O. Ramphul研究了印度的情况,针对当地1960—2000年的数据,采用了多变量VAR模型,并结合误差修正模型和格兰杰因果关系检验,基于实证分析与研究,发现旅游产业发展、经济增长两者之间存在双向格兰杰因果关系[8]。H. Janta和P. Lugosi等在研究中建立了相应的旅游主导型经济增长理论,实证检验了旅游业发展与经济增长的关系为长期均衡关系。在国民经济增长方面,旅游业表现为单向格兰杰因果关系[9]。另外,也有研究从具体的案例出发,运用一系列的检验、模型等,此类研究同样证实了旅游业发展与经济增长之间有协整向量存在,与此同时,两者间的关系存在单向格兰杰因果关系[10]。A. G. Assaf 和 A. Josiassen 从全球视角,探讨了在国家经济中,旅游收入带来的影响[11]。也有研究以转轨时期的经济发展国家为例,分析和探讨了在当地人均收入增长方面,旅游业的发展意义,并指出在促进经济均衡发展中,旅游业有着积极的作用[12-13]。

由此能够看出,在旅游业经济发展方面,国外学者的研究成果不断丰富、逐步完善,且研究方法和手段较多。但是关于旅游业发展与经济增长之间的负面作用探讨得比较少,而且以定性研究为主,进行定量研究的不多。在旅游生态承载力、旅游业发展问题研究方面,Hawkins 认为,旅游业发展给地方生态环境造成了一定的负面影响,另外 John 等也有相同的研究结论。

国内在旅游业发展、经济增长两者之间关系的探讨与研究方面,相对于国外而言起步较晚。1980 年,全国旅游经济研讨会召开,这次会议被认为是我国旅游经济学的起点,由此开启了旅游经济学的国内研究之路[14]。之后,国内学者开始推出各自的研究作品等。例如,刘世杰等的《中国旅游经济学》、黄辉实的《旅游经济学》等。1986 年陶汉军等在《旅游经济学》中,分析了国民经济中旅游业的价值与意义,由此开启了国内关于旅游业、国民经济影响研究的理论研究之路[15-16]。1999 年,闫敏的《旅游业与经济发展水平之间的关系》就已经开始对旅游业、经济发展水平两者之间的关系进行了证明与分析。与此同时,李美云等的《旅游产业与旅游增加值的测算》也进行了相关方面的探讨,这一研究在当时被认为是对旅游影响进行量化分析及研究的最具代表性的作品[17-29]。吴学品等在实证分析与研究两者之间的关系时,构建了相应的回归模型。通过研究指出对旅游业产生影响的主要因素包括以下几个:其一,旅游资源;其二,区域经济发展状况;其三,交通服务水平;其四,基础设施建设等[20]。任建丽、杨斌等以甘肃作为分析对象,基于 VAR 模型探讨两者之间的关系。同时,在实证分析之后发现,当地旅游产业在经济增长率、旅游固定投资方面有着显著的促进作用,在就业增长、财政收入增加方面所带来的促进作用相对弱一些[21]。从国内的研究情况来看,关于旅游业在经济中的负面作用探讨得不多[22-25]。

国内学者在进行研究时多采用定性研究。例如,王伟等提出旅游活动作为经济活动,会造成环境破坏、物价上涨等一系列问题,针对这些负面问题,其针对性地提出了相应的改进策略,包括政府实施有效的政策措施、减小旅游业的负面影响等[26]。对于定量层面的研究则更少[27],张爱儒、李子美等摒弃传统的线性回归方法,在探讨旅游业发展、经济增长两者之间的关系时选用了协整方程[28]。另外,还有部分学者对经济与旅游产业发展相融合进行了相关分析[29-32]。

1.3.2 旅游扶贫与经济发展的研究

旅游扶贫与经济发展之间存在着联系,具体通过旅游扶贫经济效应的研究得以验证,该研究着重探讨旅游发展、经济增长和减贫三者间的关系。旅游扶贫经济效应可从宏观与微观2个层面来看。宏观层面,S. K. Majrul 等将旅游业的发展与贫困人口的生计和福祉联系起来,通过实地调查得出贫困人口可通过参与旅游业开发获益进而减轻贫困,旅游扶贫是旅游业与贫困人口紧密联系的纽带[33]。N. Kim 等基于69个国家17年的面板数据,利用回归模型研究得出旅游业、贫困及经济发展之间的关系,并指出旅游业对地区减贫的积极影响受限于该国的收入水平,只有最不发达的国家可通过旅游业获利,降低贫困发生率[34]。M. L. Carmen 等采用广义矩估计法,对60个国家19年的非平衡面板数据进行估计,研究显示国内旅游和入境旅游有效减缓了绝对贫困,且入境旅游与地区减贫印证了库兹涅茨曲线假说[35]。E. T. Njoya 等认为旅游业对于减缓贫困有一定贡献,但不同部门受旅游业关联效应影响的程度不均[36]。

微观层面,C. Ashley 等探讨了旅游业对贫困人口生计的影响以及如何增强其积极作用[37]。Y. M. León 等认为旅游业可通过提高贫困居民再就业率,促进其收入水平和工作满意度的提升。贫困地区通过发展旅游业带动经济增长,提升贫困人口福祉,并发挥产业关联特性,带动相关渔业和可持续农业等产业发展[38]。J. Briedenhann 等认为,应重视南非贫困居民作为旅游小经营者的累积潜力,发挥其较强的参与性,在促进旅游减贫中,实现经营者和社区发展的双赢[39]。A. Lepp 等的调查研究显示,贫困居民认可旅游对其生活带来的正面影响,证明了旅游业发展可有效增加地区财政税收,与此同时地区财政税收又可反哺区域旅游扶贫,提供财政支持[40-41]。也有研究认为旅游发展与减贫之间并无联系,旅游发展甚至给贫困地区带来了负面经济效应,H. Job 等证实了发展旅游会产生经济效应,即旅游收入增长会提高贫困人口的生活水平,但是由于旅游业与区域经济密切相关,因此其本质上并不一定有助于减贫[42]。

旅游业较强的就业带动率和产业关联性逐渐成为欠发达地区减贫的重要方式,作为旅游扶贫的根本目的和评估手段,旅游扶贫绩效研究逐步成为焦点。我国学者从单一的旅游扶贫经济绩效与乘数效应的分析逐步拓展至社会文化绩效和生态环境绩效等,仍以宏观视角为主,但开始有意识地关注旅游扶贫的负面效应。在成长和发展阶段,综合绩效评估成为主流,微观层面面向贫困人口展开的绩效评估逐渐获得了更多关注[43]。经济绩效表现出了旅游扶贫与区域经济之间的作用关系,可基于直接效应分析、居民感知分析和负面效应分析三个层面进行剖析。

(1) 直接效应分析

旅游扶贫经济绩效直接落脚于贫困户收入水平改善方面,在旅游产业发展中吸纳旅游扶贫资金与旅游投资资金,正向促进贫困居民净收益的增多和贫困率的减小,地方旅游收入与贫困人口收入表现为双向促进关系[44]。党红艳等认为,开发乡村旅游项目能够带动贫困地区总体经济的增长,最明显的经济效益即显著增加了贫困人口的收入[45]。李凯等对西南连片特困区乡村旅游展开调查,评估显示旅游就业参与可显著提升贫困人口经济和资产减贫[46]。

(2) 居民感知分析

旅游扶贫微观经济效应重视贫困人口与社区参与,肖建红基于微观经济效应理论,搭建面向贫困人口的旅游扶贫(Pro-poor Tourism, PPT)模式,帮助其获取经济净收益[47]。李佳、王耀斌聚焦民族地区贫困户,研究发现贫困户参与旅游发展的机会与能力,分别同旅游扶贫效应感知与贫困减缓程度存在一定关联,同时还基于多维贫困视角研究得出,乡村旅游精准扶贫仅帮助贫困人口实现经济减贫,并未在生活、教育、健康维度发挥其脱贫效应[48-49]。贫困村生命周期的变迁对于当地贫困居民感知旅游扶贫绩效会产生一定的影响,发展和稳固阶段对于经济绩效的感知与感知水平均显著高于前期探索阶段,旅游扶贫经济效应增强,与此同时,其负面效应亦逐渐为贫困人口所感知[50]。

(3) 负面效应分析

旅游业对于区域经济增长作出了重要贡献,但由于贫困人口参与能力不够,贫困地区基础薄弱,"旅游漏损"和"旅游飞地"问题凸显,利益相关者矛盾突出[51]。此外,旅游扶贫催使当地人口的生活成本快速上涨,加剧了贫困户生计困难,拉大了贫富差距[52]。

1.3.3 旅游扶贫效率的研究

继旅游扶贫绩效研究之后,国内关于旅游扶贫理论的研究趋势逐步向旅游扶贫效率倾斜,更多学者从精准旅游扶贫的视角,关注贫困地区旅游扶贫的产出效益。查阅现有的研究文献不难发现,经济效益分析已成熟广泛地在工业、农业、生态环境等学科领域应用。2013年,习近平总书记首次提出"精准扶贫",其后精准扶贫战略提出,虽然旅游扶贫效率由此引起学者重视,但相应的研究成果仍较少。旅游扶贫效率的本质是反映投入和产出之间的比率关系,衡量的是旅游扶贫资源配置效率的高低以及既定条件下旅游扶贫资源投入所能获得的最大产出[53]。

在旅游扶贫效率测度的方法研究中,数据包络分析法(DEA)是测度旅游扶贫效率中应用最为广泛的一种方法,它又分为两大板块:传统 DEA 模型与改进

DEA 模型。

传统 DEA 模型的运用[54-55]：陈超凡运用传统 DEA 模型测度旅游扶贫综合效率,借助 MI 及其分解进行跨期研究,结果表明,区域综合效率差异显著,且综合效率的提升很大程度上依赖于规模效率,这说明区域旅游的发展仍停留于规模经济,后续发展动力不足[56]。李烨采用 CCR 模型与 BCC 模型评估我国乡村旅游的扶贫效率,结果显示总体旅游扶贫效率较高,需警惕由扶贫投入结构不合理而造成的规模收益递减态势[57]。基于 BCC 模型,冯斐通过分析指出贫困县域存在投入冗余的情况[58]。钟学进运用 DEA 模型测度了桂西南重点旅游扶贫区旅游精准扶贫效率水平[59]。

改进 DEA 模型的运用：穆学青[60]、黄渊基[61]采用传统 DEA 模型与 Bootstrap 相结合的两阶段 DEA 模型,分别评价得出云南省边境县域、武陵山湖南片区贫困县域的旅游扶贫效率整体水平。徐少癸、方世巧、甘永萍以三阶段 DEA 模型测度旅游扶贫效率,借助 SFA 回归剔除外部环境因素的影响,更准确地反映区域旅游扶贫成效[62]。当多个评价决策单元的效率值为 1,达到最佳前沿生产面时,效率评价的准确性会由于测度结果难以有效对比而有所偏差。王凯借助 SBM 模型与 Super-SBM 模型分别测度了湖北省、武陵山片区国家级贫困县旅游扶贫效率的水平[63]。

旅游扶贫效率时空演变的研究和旅游扶贫效率时序演进特征的研究,主要集中于时序演化路径与发展类型分析层面。龙祖坤等基于 MI 分别探究了武陵山区和大别山区旅游扶贫效率的动态时变特征,均将旅游扶贫效率划分为稳定、渐进、往复 3 种时变趋势和路径[64]。黄渊基引入了生命周期模型,将扶贫效率均值和变化值作为区分标准,将旅游扶贫效率形态划为潜力型、夕阳型、黄金型、朝阳型 4 种类别[65]。孙春雷依据贫困县旅游扶贫效率与动态演变状况,划分出双低型、潜力型、黄金型、朝阳型 4 种类型的扶贫模式[66]。

龙祖坤采用 ArcGIS 分析软件从投入和产出 2 个角度的旅游扶贫效率空间分异情况,得出旅游扶贫效率区域差异显著,中部高,南北低,局部呈现集聚性[64]。鄢慧丽对综合效率、规模效率以及技术效率分别进行可视化分析,得出综合与规模效率均呈现"北高南低"的格局,空间异质化特征显著[67]。部分学者引入社会网络分析法,构建旅游经济网络分析模型,探究旅游扶贫效率的空间网络结构与联系,为旅游精准扶贫提供了重要参考。龙祖坤基于社会网络的视角,研究发现空间网络联系和网络结构影响旅游扶贫的效率与水平[68]。王凯借助社会网络方法分析得出武陵山片区 42 个贫困县的旅游扶贫联系不断增强,但空间关联与溢出效应仍有待提升；旅游扶贫效率关联网络呈多核心模式,显著的行政派系结构揭示出县市旅游扶贫协作不足的弊病[69]。

1.3.4 旅游精准扶贫评价的研究

精准扶贫是控制贫困的有效途径,要根据贫困地区和贫困户的条件差异,使用有针对性的方式和方法帮助他们脱贫。以往粗放式的扶贫方式需消耗大量的人力、物力等扶贫资源,由于针对性较差,长期以来扶贫效果不佳。与以往的扶贫方式相比,精准扶贫更加关注贫困者自身,扶贫对象从"面"减少到"点",扶贫资源投入更加精准。同时,更注重利用当地的现有资源,推动扶贫的内生动力,使扶贫效果更好。张晓辉根据精准扶贫效率、扶贫可持续性、扶贫工作成果以及扶贫政策几个方面展开分析,建立了基于这4个维度的扶贫成果评价体系制度[70]。纪慧以河北省某县产业扶贫现状为基础,基于模糊综合评价法设计了一个评估河北省该县扶贫区域经济、生活以及环境等多方面的评估制度[71]。杜小玉以精准扶贫理论为基础,在综合众多扶贫成果的基础上,阐述了影响贫困程度的主要因素,同时提出了一种全新的扶贫成果绩效考核体系[72]。王海霞利用层次分析法以及优劣解距离法对新疆乌什县食用菌产业扶贫效果展开了成效评估研究[73]。马玉霜利用对新疆墨玉县产业扶贫效果及满意度的分析,通过对扶贫资金利用率的研究,认为现阶段扶贫部门对财政扶贫数量增长非常重视,从而导致扶贫的工作效率以及工作质量不足,因此她认为需要设计一个容纳经济绩效、社会绩效以及生态绩效的扶贫工作成果考核体系[74]。唐博结合层次分析法针对深度贫困区精准扶贫效果及贫困户满意度展开评估,并将经济提升、社会发展、资金输入以及扶贫绩效纳入综合满意度评估体系当中,从而对深度贫困区域展开扶贫工作成果的全方面评价[75]。

1.4 研究思路及内容

1.4.1 研究思路

关于旅游业与经济增长关系的研究,国内外学者逐步开始关注,且研究手段与方法不断丰富完善。从研究层次来看,既有国家和省级层面的,也有市级层面的。从研究方法来看,既存在定量研究,也存在定性研究。具体表现为一开始采用的研究以定性研究为主,随后开始向定量研究转变,而当前占据较大比重的是定量研究,这也是时下主要采用的研究手段。在与旅游扶贫相关的研究上,我国无论是扶贫理论方面的研究,还是实践方面的研究均比国外起步晚,基本研究方法以及相关理论大部分是从国外传输而来的,加上在扶贫研究成果方面的体系不足,从而导致很难产生具备自身发展特色的理论体系,在社会实践方面存在一定的不足。尤其是现阶段,国内关于扶贫方面只重视扶贫原因与扶贫方法的研究,在扶贫成果评估方面的综合归纳相对较少。

本书从旅游产业与区域经济的关系出发,进一步探讨了旅游扶贫对区域发展的作用,以此来解决以下几个问题:旅游业发展对经济的影响如何?旅游产业与城市化耦合协调发展的评价指标有哪些?如何测度旅游精准扶贫效率?在旅游精准扶贫的过程中,社区居民参与了吗?社区居民参与的模式是什么,带来了怎样的效果?旅游精准扶贫的效果如何,怎样测评,是否考虑到了相关者的利益?

1.4.2 研究内容

本书各章内容安排如下:

第1章介绍了旅游发展与旅游扶贫的研究意义、研究现状以及研究内容,并对本书的研究工作布局进行了阐述。

第2章介绍了安徽省旅游业发展对安徽经济的影响、旅游产业与区域经济发展的耦合协调度(以黄山市为例)以及旅游产业与城市化发展的耦合协调度(以合肥市为例),对安徽旅游业与区域经济的关系进行了基本的介绍,并为后文的分析打下了基础。

第3章运用DEA法与MI法对安徽省旅游精准扶贫效率进行了测度,对安徽省安庆市及皖北地区的旅游精准扶贫效率及各自的时间演进情况进行了详细的分析,得出了一些有益的结论。

第4章以安徽省天堂寨贫困居民为调查对象,对贫困居民参与旅游发展的情况进行调查。以贫困居民参与旅游开发实现脱贫为目的,结合案例地的实际情况,从三个方面建立社区参与传统乡村旅游开发模式:构建政府、旅游企业和居民三位一体的旅游经营管理模式;构建政府监督,按资本和劳动力要素协调的利润分配模式;构建政府引导,企业、居民共同学习的可持续发展模式。此外,贫困居民对旅游扶贫影响的感知程度是旅游扶贫效果的体现。随着旅游扶贫工作的开展,研究贫困居民的生活感知对旅游扶贫工作具有一定的意义,可为实施精准扶贫提供合理的依据。基于探索性因子分析和结构方程模型,构建贫困居民生活感知满意度的概念模型,探讨了贫困居民生活感知的影响因素。

第5章从利益再分配角度出发,进行安徽省旅游扶贫工作的研究,探索乡村旅游精准扶贫利益构成主体,构建乡村旅游精准扶贫效果评价体系,搭建监督平台保障旅游扶贫的深入开展,优化利益再分配扶贫效果评价体系。结合精准扶贫的内涵,构建精准扶贫多维绩效评价指标体系,运用模糊数学评判法,对安徽省金寨县精准扶贫绩效进行实证研究。

第6章对本书内容进行总结,并对未来的延续性研究进行展望。

1.5 研究方法及创新点

1.5.1 研究方法

1. 查阅文献法

根据相关研究,查阅了关于旅游业发展与经济增长的研究、旅游精准扶贫的相关文献,并梳理相关文献整理得出本书所需的脉络。

2. 案例分析法

本书阐述了安徽省旅游业发展对安徽经济的影响、旅游产业与区域经济发展的耦合协调度(以黄山市为例)以及旅游产业与城市化发展的耦合协调度(以合肥市为例)。以安徽省金寨县精准扶贫的情况为调查对象,探讨了贫困居民生活感知的影响因素,并从利益再分配角度出发,探索乡村旅游精准扶贫利益构成主体,构建乡村旅游精准扶贫效果评价体系。

3. 比较分析法

本书对安徽省安庆市 2011—2017 年 8 个县(市)旅游扶贫效率及效率变化进行测度,并根据效率随时间的变化编制出该地区 8 个县(市)的旅游扶贫效率演进模式表,对安庆市扶贫效益的空间分异进行了分析,得出经济发展较快的县(市)扶贫效率不一定高,而人均 GDP 增长较慢的县(市)旅游综合扶贫也可能有效的结论。

1.5.2 创新点

当前大多是研究某一年或者某一段时间旅游产业与区域经济的平均耦合水平,没有充分考虑时间序列,这不能很好地反映在不同的时期旅游产业与区域经济耦合协调度的发展变化状况。本书利用耦合协调度模型对 2004—2011 年黄山市旅游产业与区域经济发展的耦合协调状况进行实证分析,考虑了时间序列,从而更好地揭示了两者动态关联的耦合发展规律。本书以合肥市为研究对象,通过构建模型从时间序列的角度动态地分析旅游产业与城市化的耦合协调发展状况。

在研究区域上,大多数旅游扶贫效率研究集中在革命老区、少数民族有旅游资源的贫困地区等,对开展了旅游精准扶贫的平原地区的扶贫效率研究较少,尤其针对像安徽省这样具备较丰富旅游资源地区的旅游精准扶贫效率的实证研究相对不足。本书以安徽省为例进行研究,可以丰富旅游扶贫的相关内容。

本书基于多维贫困理论,从多个角度构建扶贫评价指标体系,对安徽省金寨县扶贫绩效进行评估,可以丰富扶贫绩效的评估方法,以期能综合反映贫困地区在扶贫直接效果、经济发展水平、社会发展水平、生产生活条件等方面的综合扶贫效果。再者,多维贫困指数涵盖了单位家庭的关键评价因素,使用包括教育、环境等10个主要变量来测算贫困水平。以安徽省金寨县天堂寨镇为例,以贫困居民为研究对象,结合多维扶贫理论,构建多维贫困居民生活感知满意度评价指标,并分析影响贫困居民生活感知的因素,为实施精准扶贫提供合理的依据。

参 考 文 献

[1] Santana-Gallego M, Ledesma-Rodríguez F, Pérez-Rodríguez J V. Tourism and Trade in OECD Countries: A Dynamic Heterogeneous Panel Data Analysis[J]. Empirical Economics, 2011(41): 533-554.

[2] Narayan P, Narayan S, Prasad A. Tourism and Economic Growth: A Panel Data Analysis for Pacific Island Countries[J]. Tourism Economics, 2010, 16(1): 183-189.

[3] Massidda C, Mattana P. A SVECM Analysis of the Relationship Between International Tourism Arrivals GDP and Trade in Italy[J]. Journal of Travel Research, 2013, 52(1): 93-105.

[4] Kumar R R, Kumar R. Exploring the Nexus Between Information and Communications Technology, Tourism and Growth in Fiji[J]. Tourism Economics, 2012, 18(2): 359-371.

[5] Keum K. International Tourism and Trade Flows: A Causality Analysis Using Panel Data[J]. Tourism Economics, 2011(17): 949-962.

[6] Ishikawa N, Fukushige M. Impacts of Tourism and Fiscal Expenditure on Remote Islands in Japan: A Panel Data Analysis[J]. Applied Economic, 2013(41): 921-928.

[7] Holzner M. Tourism and Economic Development: the Beach Disease[J]. Tourism Management, 2011(32): 922-933.

[8] Ramphul O. The Relationship Between Tourism, Financial Development, and Economic Growth in India[J]. Future Business Journal, 2017(3): 9-22.

[9] Janta H, Lugosi P, Brown L. Migrant Networks, Language Learning and Tourism Employment[J]. Tourism Management, 2012, 33(2): 431-439.

[10] Cárdenas-García P J, Sánchez-Rivero M. Does Tourism Growth Influence Economic Development? [J]. Journal of Travel Research, 2015, 54(2): 206-221.

[11] Assaf A G, Josiassen A. Identifying and Ranking the Determinants of Tourism Performance: A Global Investigation[J]. Journal of Travel Research, 2012, 51(4): 388-399.

[12] Chou M C. Does Tourism Development Promote Economic Growth in Transition Countries? [J]. A Panel Data Analysis:Economic Modelling,2013(33):226-232.

[13] Chulaphan W,Barahona J F. Contribution of Disaggregated Tourism on Thailand's Economic Growth[J]. Kasetsart Journal of Social Sciences,2017(3):1-6.

[14] 曹翔,郭立萍.中国旅游业发展导致了资源诅咒效应吗?[J].旅游学刊,2017,32(5):14-25.

[15] 邓爱民,李慧.入境旅游对区域经济增长贡献度的实证研究[J].经济与管理评论,2017,33(3):108-112.

[16] 刘汉,宋海岩,王永莲.入境旅游人数、收入与我国经济增长:基于混频Granger因果关系检验的实证研究[J].经济管理,2016(9):149-160.

[17] 任凤慧,孙虹.资源禀赋与我国旅游业经济绩效影响研究[J].西安电子科技大学学报(社会科学版),2011,21(6):63-68.

[18] 邵海琴,周婷婷,王凯.基于VAR模型的旅游发展、经济增长和碳排放的实证研究[J].旅游研究,2017,9(3):51-59.

[19] 苏建军,孙根年,徐璋勇.旅游发展对我国投资、消费和出口需求的拉动效应研究[J].旅游学刊,2014,29(2):25-35.

[20] 吴学品.旅游业发展对地区经济传导影响分析[J].海南广播电视大学学报,2017(4):73-79.

[21] 任建丽,杨斌.甘肃省旅游业发展的经济影响及影响因素分析[J].甘肃农业,2018(6):20-25.

[22] 左冰.旅游能打破资源诅咒吗:基于中国31个省(市、区)的比较研究[J].商业经济与管理,2013(5):60-69.

[23] 鲍瑜.甘肃省张掖市旅游业发展对经济增长的影响研究[J].热点透视,2017(3):31-32.

[24] 潘露.信息化、旅游业发展对经济增长的实证研究[J].科技与管理,2017(1):16-42.

[25] 王亚男.旅游业对我国经济增长的影响分析[J].时代金融,2016(10):257-258.

[26] 王伟,刘小伟.基于格兰杰因果检验的我国旅游业与地区经济增长研究[J].资源开发与市场,2015(11):1387-1390.

[27] 熊明均,郭剑英.川西山区旅游业发展与经济增长关系探析[J].中共乐山市委党校学报,2015(6):16-19.

[28] 张爱儒,李子美.西藏旅游业发展对经济增长影响研究[J].西藏大学学报,2017(5):132-136.

[29] 朱鹤,张圆刚,林明水,等.国土空间优化背景下文旅产业高质量发展:特征、认识与关键问题[J].经济地理,2021,41(3):1-15.

[30] 冯瑜琳.探究我国旅游产业法律监管机制完善的若干思考[J].法制与社会,2021(9):152-153.

[31] 翟燕霞,石培华,申军波.重大突发公共卫生事件下旅游产业扶持政策文本量化研究:基于政策工具视角[J].未来与发展,2021,45(3):41-52.

[32] 张晓琛.青海文化产业和旅游产业融合发展存在的问题及对策[J].中国市场,2021

(8):26-27.

[33] Majrul S K, Mandal S. A Pro-poor Tourism as A New Approaching to Populace Development in Murshidabad Town: A Case Study[J]. Research Journal of Humanities and Social Sciences, 2018, 9(2): 415.

[34] Kim N, Song H J, Pyun J H. The Relationship Among Tourism, Poverty, and Economic Development in Developing Countries: A Panel Data Regression Analysis[J]. Tourism Economics, 2016, 22(6): 1174-1190.

[35] Carmen M L, Rosa M G, Amalia C C. Domestic Versus Inbound Tourism in Poverty Reduction: Evidence from Panel Data[J]. Current Issues in Tourism, 2020, 23(2): 197-216.

[36] Njoya E T, Seetaram N. Tourism Contribution to Poverty Alleviation in Kenya: A Dynamic Computable General Equilibrium Analysis[J]. Journal of Travel Research, 2018, 57(4): 513-524.

[37] Ashley C, Boyd C, Goodwin H. Pro-poor Tourism: Putting Poverty at the Heart of the Tourism Agenda[J]. Significance, 2000, 51(51): 1-6.

[38] León Y M. The Impact of Tourism on Rural Livelihoods in the Dominican Republic's Coastal Areas[J]. The Journal of Development Studies, 2007, 43(2): 340-359.

[39] Briedenhann J. The Potential of Small Tourism Operators in the Promotion of Pro-poor Tourism[J]. Journal of Hospitality Marketing & Management, 2011, 20(3-4): 484-500.

[40] Lepp A. Residents' Attitudes Towards Tourism in Bigodi Village, Uganda[J]. Tourism Management, 2007, 28(3): 876-885.

[41] Mahadevan R, Amir H, Nugroho A. How Pro-poor and Income Equitable Are Tourism Taxation Policies in A Developing Country? Evidence from A Computable General Equilibrium Model[J]. Journal of Travel Research, 2017, 56(3): 334-346.

[42] Job H, Paesler F. Links Between Nature-based Tourism, Protected Areas, Poverty Alleviation and Crises: the Example of Wasini Island (Kenya)[J]. Journal of Outdoor Recreation & Tourism, 2013(1-2): 18-28.

[43] 邢慧斌.国内旅游扶贫绩效评估理论及方法研究述评[J].经济问题探索, 2017(7): 47-53.

[44] 孟秋莉.贫困人口视角下的旅游扶贫经济效应研究[J].统计与决策, 2018, 34(14): 107-111.

[45] 党红艳,金媛媛.旅游精准扶贫效应及其影响因素消解:基于山西省左权县的案例分析[J].经济问题, 2017(6): 108-113.

[46] 李凯,王振振,刘涛.西南连片特困地区乡村旅游的减贫效应分析:基于广西235个村庄的调查[J].人文地理, 2020, 35(6): 115-121.

[47] 肖建红,肖江南.基于微观经济效应的面向贫困人口旅游扶贫(PPT)模式研究:以宁夏六盘山旅游扶贫实验区为例[J].社会科学家, 2014(1): 76-80.

[48] 李佳,钟林生,成升魁.民族贫困地区居民对旅游扶贫效应的感知和参与行为研究:以青海省三江源地区为例[J].旅游学刊,2009,24(8):71-76.

[49] 王耀斌,陆路正,魏宝祥,等.多维贫困视角下民族地区乡村旅游精准扶贫效应评价研究:以扎尕那村为例[J].干旱区资源与环境,2018,32(12):190-196.

[50] 王安琦,韩磊,乔花芳,等.贫困山区不同生命周期旅游扶贫村居民绩效感知的比较研究:以恩施州旅游扶贫村为例[J].山地学报,2020,38(2):265-275.

[51] 邓小海,曾亮,罗明义,等.云南乌蒙山片区所属县旅游扶贫效应分析[J].生态经济,2015,31(2):134-138.

[52] 冯伟林,陶聪冲.西南民族地区旅游扶贫绩效评价研究:以重庆武陵山片区为调查对象[J].中国农业资源与区划,2017(6):157-163.

[53] 李银昌.中国旅游扶贫效率:基于 DEA 视窗分析和非线性门槛效应的研究[D].南宁:广西大学,2018:19.

[54] 韩林芝,刘新梅,郑江华,等.新疆旅游扶贫效率时空分异特征及其驱动机制:以新疆 33 个国家级贫困县为例[J].新疆大学学报(哲学·人文社会科学版),2019,47(6):23-33.

[55] 杨航.三峡库区旅游扶贫效率的时空演异及影响因素研究[D].重庆:重庆理工大学,2019:30-34.

[56] 陈超凡,王赟.连片特困区旅游扶贫效率评价及影响因素:来自罗霄山片区的经验证据[J].经济地理,2020,40(1):226-233.

[57] 李烨.中国乡村旅游业扶贫效率研究[J].农村经济,2017(5):72-78.

[58] 冯斐,唐睿,冯学钢.西部地区旅游扶贫效率及其影响因素研究:以甘肃省平凉市为例[J].地域研究与开发,2020,39(2):105-110.

[59] 钟学进.西南边境地区旅游精准扶贫效率评价及时空分异:以桂西南重点旅游扶贫区 11 县(市、区)为例[J].社会科学家,2019(6):76-82.

[60] 穆学青,郭向阳,明庆忠.多维贫困视角下县域旅游扶贫效率时空演化及影响机理:以云南 25 个边境县(市)为例[J].经济地理,2020,40(12):199-210.

[61] 黄渊基.连片特困地区旅游扶贫效率评价及时空分异:以武陵山湖南片区 20 个县(市、区)为例[J].经济地理,2017,37(11):229-235.

[62] 徐少癸,方世巧,甘永萍,等.少数民族地区旅游扶贫效率与时空分异:基于广西面板数据的实证[J].统计与决策,2020,36(21):21-26.

[63] 王凯,朱芳书,甘畅,等.区域产业结构转型升级水平与旅游扶贫效率耦合关系:以武陵山片区为例[J].自然资源学报,2020,35(7):1617-1632.

[64] 龙祖坤,杜倩文,周婷.武陵山区旅游扶贫效率的时间演进与空间分异[J].经济地理,2015,35(10):210-217.

[65] 孙春雷,张明善.精准扶贫背景下旅游扶贫效率研究:以湖北大别山为例[J].中国软科学,2018(4):65-73.

[66] 鄢慧丽,王强,熊浩,等.海南省少数民族地区旅游扶贫效率测度与时空演化分析[J].中国软科学,2018(8):63-76.

[67] 龙祖坤,李绪茂.社会网络视角下县域旅游扶贫效率评价与分析:基于湖南省数据

[J].农林经济管理学报,2017,16(5):683-691.
[68] 王凯,王梦晗,甘畅,等.武陵山片区旅游扶贫效率网络结构演化及其驱动机制[J].山地学报,2019,37(4):589-601.
[69] 张晓辉.彰武县北甸子村产业扶贫效果及影响因素研究[D].沈阳:沈阳农业大学,2020.
[70] 纪慧.河北省X县产业扶贫运行评价与提升效果路径研究[D].保定:河北大学,2020.
[71] 杜小玉.阜平县东板峪店村精准扶贫效果评价研究[D].保定:河北大学,2020.
[72] 王海霞.新疆乌什县食用菌产业扶贫效果及影响因素研究[D].阿拉尔:塔里木大学,2020.
[73] 马玉霜.新疆墨玉县产业扶贫效果及满意度分析[D].阿拉尔:塔里木大学,2020.
[74] 唐博.深度贫困区精准扶贫效果及贫困户满意度评价[D].阿拉尔:塔里木大学,2020.

第 2 章 安徽省旅游业发展现状

旅游业目前已经成为安徽省的支柱产业之一,本章首先通过对安徽旅游总收入与安徽国民收入之间进行计量分析,来证实安徽旅游收入对安徽经济影响显著,两者之间存在长期的均衡关系,并从进一步营造发展旅游业的氛围、合理布局、加大宣传推介、积极参与区域合作等角度来推动安徽旅游业的进一步发展。接着,以黄山市为研究区域,运用耦合协调度模型实证分析了 2004—2011 年黄山市旅游产业与区域经济的耦合发展状况。研究得出结论:黄山市旅游产业与区域经济发展水平逐年提升,两系统耦合互动效应明显,耦合协调度也在稳步提升,但总体来看,两系统协调等级较低。黄山市应努力发挥旅游资源优势以不断促进旅游业发展,使旅游产业与区域经济发展的耦合协调水平得到进一步提升。最后,以安徽省省会合肥市为研究对象,对合肥市 2004—2012 年旅游产业与城市化耦合协调发展状况进行了实证分析。研究结果发现:合肥市旅游产业与城市化发展水平逐年提升,两系统耦合协调状况经历了 2004—2010 年的失调阶段与 2011—2012 年的协调阶段,当前两系统的耦合协调度还比较低,仅处于初级协调状态。合肥市应努力发展旅游产业,推动城市化进程,使旅游产业与城市化发展的耦合协调水平得到进一步提升。本章结构安排如图 2.1 所示。

2.1 安徽省旅游业发展对安徽经济的影响

旅游业是当前发展较快、关联度较高、可持续发展的综合性产业之一,已成为世界公认的朝阳产业。"十一五"以来,安徽省委、省政府提出了"加快推进我省由旅游资源大省向旅游产业大省乃至旅游经济强省"发展的战略,旅游业得到了长足发展,逐步成为国民经济的重要支柱产业。本节从安徽省旅游业发展的历程、现状着手,实证分析了旅游业对安徽经济发展的贡献,并在此基础上,对安徽旅游业的今后发展提出相应的对策与建议。

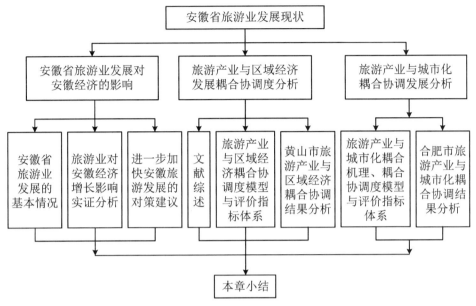

图 2.1　第 2 章的结构安排

2.1.1　安徽省旅游业发展的基本情况

1. 安徽省旅游业的发展历程

改革开放 40 多年来,安徽省旅游业发展经历了 3 个阶段[1]:"六五""七五"是起步阶段,"八五"是打实基础阶段,"九五""十五""十一五"是发展快车道阶段。在发展过程中,安徽省委、省政府出台了一系列促推和规范旅游业发展的措施和政策:1999 年 3 月 26 日,安徽省第九届人民代表大会常务委员会第九次会议通过了《安徽省旅游管理条例》,该条例自 1999 年 5 月 1 日施行,规范了旅游业的发展(该条例于 2006 年 1 月 1 日废止,同时施行《安徽省旅游条例》);1996 年,《安徽省人民政府关于加快旅游业发展的决定》提出用 15 年时间,把旅游业逐步培植成安徽省新兴支柱产业;1998 年,出台了《加快发展皖西南旅游经济的若干意见》;1999 年,出台了《加快皖江区域旅游经济发展的意见》;2002 年,出台了《关于进一步加快旅游业发展的意见》;2004 年,印发了《关于加快全省旅游经济发展的意见》;2005 年,印发了《关于促进"两山一湖"地区旅游产业发展若干政策》。这些意见和政策的出台和实施极大地促推了安徽省旅游业的发展。

2. 旅游业产值逐年提高,成为安徽省支柱产业

"十一五"期间,安徽省国内游、入境游相互促进、共同发展。2010 年,全省旅游接待总人数达 1.55 亿人次,旅游总收入为 1150.6 亿元,相当于全省 GDP 的 9.4%,比 2005 年提高了 3.6 个百分点;旅游业总收入占全国比重为7.3%,比 GDP 和服务业增加值占全国比重分别高 4.2 个和 4.9 个百分点[2]。旅游业在全省经济发展中的份额越来越高,已逐步发展成为安徽省国民经济支柱产业。

3. 旅游业产业结构不断优化,发展领域逐步拓宽

安徽旅游业经过 40 多年的发展,产业结构不断优化,"十一五"期间,安徽省提出打造三大旅游板块,分别是大皖南旅游板块、泛巢湖旅游板块和新皖北旅游板块。这三大板块既自成一格又相互关联,已经成为安徽旅游发展的主力军,各年产值不断增加:2010 年大皖南旅游板块实现旅游总收入 512.8 亿元,为 2005 年的 3.87 倍,年均增长 31.1%;泛巢湖旅游板块实现旅游总收入 470.8 亿元,为 2005 年的 3.9 倍,年均增长 31.3%;新皖北旅游板块实现旅游总收入 161.4 亿元,为 2005 年的 3.2 倍,年均增长 26%[2]。除了产业结构不断优化外,旅游发展领域也不断拓宽,近年来,安徽省已经形成文化游、生态游、商贸游、休闲游、红色游等旅游品牌,旅游业态呈现多元化,特别是休闲游等一些新兴旅游业态的迅速发展,改变了过去以观光游为主的旅游格局。2010 年,全省国内休闲度假游客的比重达到 40%;红色旅游接待游客达 1360 万人次,比上年增长 21%;综合收入为 61 亿元,增长 18%。

2.1.2 旅游业对安徽经济增长影响的实证分析

从旅游产业和经济发展的关系来看,有 2 种发展模式[3]:一种是经济增长促进旅游发展(Economy Promoting Tourism)模式,简称 EPT 模式;另一种是旅游发展拉动经济增长(Tourism Promoting Economy)模式,简称 TPE 模式。目前,中国理论界对 EPT 和 TPE 2 种旅游产业发展模式尚存在较多的争议,本书选择 TPE 模式,重点研究旅游产业发展对安徽经济的影响。

1. 数据的采集及说明

本书数据来源于《安徽旅游发展大事记》《安徽省"十一五"旅游经济发展数据汇编》《安徽统计年鉴》,采集了 1981—2010 年共 30 年的统计数据,并将 30 年分为 2 个时间段,分别为 1981—1995 年和 1996—2010 年。采集的指标主要有 4 个:旅游外汇收入(FR)、国内旅游收入(IR)、旅游总收入(TR)、国内生产总值(GDP)。为了计量单位的统一,旅游外汇收入均按当年的汇率进行了换算。

2. 2 个时间段各类收入的变化趋势

1981—1995 年各类收入见表 2.1,其变化趋势如图 2.2 所示。

表 2.1 1981—1995 年各类收入

(单位:亿元)

年份	旅游外汇收入(FR)	国内旅游收入(IR)	旅游总收入(TR)	国内生产总值(GDP)
1981	0.02	0.16	0.18	170.51
1982	0.02	0.18	0.2	187.02
1983	0.02	0.22	0.24	215.68
1984	0.03	0.27	0.3	265.74
1985	0.03	0.86	0.89	331.24
1986	0.04	1.37	1.41	382.76
1987	0.04	1.54	1.58	442.35
1988	0.06	1.56	1.62	546.94
1989	0.08	1.7	1.78	616.25
1990	0.3	1.85	2.15	658
1991	0.55	1.48	2.03	663.5
1992	0.78	2.04	2.82	801.2
1993	1.03	5	6.03	1037.14
1994	2.14	6.75	8.89	1320.43
1995	3.69	8.38	12.07	1810.66

资料来源:《安徽旅游发展大事记》及《安徽省"十一五"旅游经济发展数据汇编》。

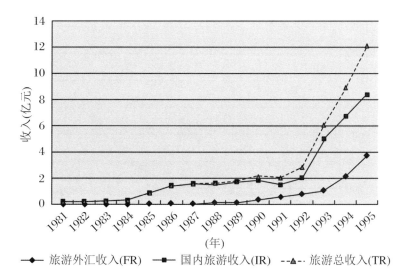

图 2.2 1981—1995 年各类收入变化趋势

1996—2010 年各类收入见表 2.2,其变化趋势如图 2.3 所示。

表 2.2 1996—2010 年各类收入

(单位:亿元)

年份	旅游外汇收入(FR)	国内旅游收入(IR)	旅游总收入(TR)	国内生产总值(GDP)
1996	4.81	68.5	73.31	2093.3
1997	6.79	92	98.79	2347.32
1998	5.83	113	118.83	2542.96
1999	7.46	134.4	141.86	2712.34
2000	9.35	150.48	159.83	2902.09
2001	11.27	174.91	186.18	3246.71
2002	13.3	202.92	216.22	3519.72
2003	9.35	187.11	196.46	3929.1
2004	15.77	249.96	265.73	4759.32
2005	19.65	288.96	308.61	5350.17
2006	23.92	387.63	411.55	6112.5
2007	32.31	543.68	575.99	7360.92
2008	36.88	700.24	737.12	8851.66
2009	45.12	863.78	908.9	10062.82
2010	55.78	1094.83	1150.61	12263.36

资料来源:《安徽旅游发展大事记》及《安徽省"十一五"旅游经济发展数据汇编》。

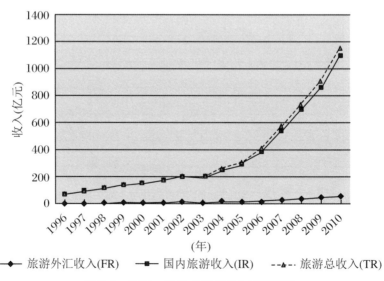

图 2.3 1996—2010 年各类收入变化趋势

先从绝对数来看旅游各类收入的变化：在1981—1995年15年间，无论是旅游外汇收入还是国内旅游收入都是非常少的，旅游总收入在1986年才突破1亿元。在这期间，1992年至1993年旅游总收入从2.82亿元增加到6.03亿元，是一个比较高的增长，但总数仍然较低，直到1995年，旅游总收入也仅仅达到12.07亿元。1987年以前，旅游外汇收入增长缓慢，直到1993年才突破亿元，1995年达3.69亿元。国内旅游收入在"六五"期间也是非常低的，其也是在1986年突破1亿元，1993—1995年增长较快，1995年年底达8.38亿元。再来看1996—2010年这15年间各类旅游收入的变化："九五"开局之年即1996年，旅游总收入就有了一个大的飞跃，达到73.31亿元，比1995年的绝对数增加了61.24亿元。2003年由于"非典"，旅游收入在当年有所减少，这之后旅游总收入保持强劲的增长势头，到2010年已达到1150.61亿元。在旅游总收入的增长中，旅游外汇收入作出了一定的贡献。2006年之前增长比较平稳，2007年有较大幅度的增加，达到32.31亿元，比2006年增加了8.39亿元。1996年以来，国内旅游收入保持了强劲的增长势头，1996年比1995年增加了60.12亿元，随后基本保持逐年较大的增长速度，到2010年已经达到了1094.83亿元。1981—1995年各年旅游总收入占当年GDP的比重如图2.4所示，1996—2010年各年旅游总收入占当年GDP的比重如图2.5所示。

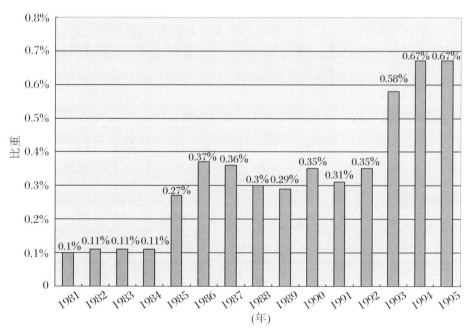

图 2.4 1981—1995 年各年旅游总收入占当年 GDP 的比重

资料来源：《安徽旅游发展大事记》及《安徽省统计年鉴》。

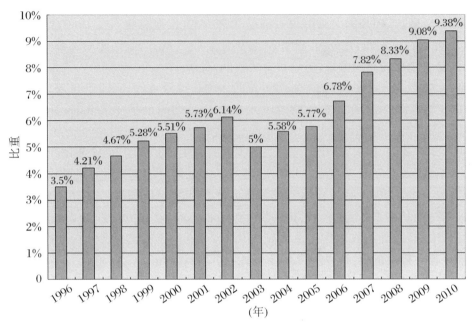

图 2.5　1996—2010 年各年旅游总收入占当年 GDP 的比重

资料来源:《安徽旅游发展大事记》及《安徽省统计年鉴》。

从各年旅游总收入占当年 GDP 的比重变化来看旅游业的发展:在 1981—1995 年,各年旅游总收入占当年 GDP 的比重相当低,一直没有超过 1%;1981—1984 年每年的比重仅为 0.1%,到 1995 年也仅为 0.67%。再看 1996—2010 年这 15 年间各年旅游总收入占当年 GDP 的比重,1996 年旅游总收入占当年安徽省 GDP 的比重从 1995 年的不到 1%提升到 3.5%。之后这个比重一直保持着良好的增长势头,2010 年,旅游总收入占 GDP 的比重已经达到了 9.38%。

比较 2 个时间段安徽省的旅游发展状况:从上述图表以及绝对数和相对数的比较分析,可以看出,安徽旅游在 1981—1995 年和 1996—2010 年这 2 个时间段内的发展是很不同的,对经济的影响也有很大的差别。在 1981—1995 年这个时间段,安徽旅游发展处于起步阶段,不仅旅游各类收入都很低,且对安徽经济发展的影响也很微弱,占 GDP 的比重很低,有些年份几乎可以忽略不计。而进入"九五"之后,安徽旅游进入起飞阶段,无论是各类收入的绝对数,还是旅游总收入占 GDP 的比重都有了很大的提高,特别是 1996 年[4],安徽省委、省政府召开了全省旅游经济工作会议,印发了《加快旅游业发展的决定》,明确提出了建设旅游新兴支柱产业和发展大旅游、大产业、大市场、大协作的要求。当年还成立了由省长担任主任的安徽省旅游工作指导委员会,设立了安徽省旅游发展专项资金。1996年的旅游收入是1995年的6.07倍,是一个大的飞跃。经过十几年的发展,到"十一五"期间旅游已经成为安徽的支柱产业,对安徽经济发展的贡献已不容小觑,这点可从2010年旅游总收入占GDP的比重高达9.38%得到印证。

3. 旅游业发展对安徽经济增长贡献的计量分析

前文的曲线和柱状图直观地展示了安徽旅游业发展对经济的影响,下面从计量的角度就安徽旅游总收入对经济总量(GDP)的影响进行定量分析。选取1981—2010年的数据来考察旅游总收入对经济总量(GDP)的影响。

为了直观地观察变量之间的变化趋势,笔者运用EVIEWS 5.0软件绘制变量间的时序图,从中可以看出:GDP和TR 2组变量对数值ln GDP和ln TR的变化趋势,其变化特征非常相似,可以判断它们之间具有一定的共同趋势。此外,从上述旅游总收入历年趋势图可以看出,安徽旅游产业表现出明显的阶段特征。为了分析安徽旅游产业1996年前后2个阶段与经济增长之间的数量关系,在基础模型中引入虚拟变量D,分段回归模型以1996年为转折点。若样本数据来自1996年以前,虚拟变量D设置为0;若样本数据来自1996年及以后,虚拟变量D设置为1,转折期1996年对应的ln TR值为4.29。构建回归模型如下:

$$\ln \text{GDP} = \beta_0 + \beta_1 \ln \text{TR} + \beta_2 (\ln \text{TR} - 4.29)D + \varepsilon \qquad (2.1)$$

回归结果如下:

$$\ln \text{GDP} = 6.0339 + 0.3948\ln \text{TR} + 0.1696(\ln \text{TR} - 4.29)D + \varepsilon$$
$$\quad (123.9486) \quad (18.8305) \qquad\qquad (2.4502)$$
$$\overline{R}^2 = 0.9809 \quad F = 692.3765 \quad DW = 1.415 \qquad (2.2)$$

式(2.2)括号内的数据为对应变量的t统计量值。其中$\overline{R}^2$表示修正决定系数;F表示回归方程的显著性检验值;DW表示Durbin-Waston检验值。

回归结果表明,旅游收入对经济影响显著,说明安徽的旅游收入和国民收入之间存在长期的均衡关系。分段回归的结果表明,1996年以前旅游总收入对GDP的弹性系数为39.48%;1996年后旅游总收入对GDP的弹性系数为56.44%。这也印证了前面所说的,1996年以后安徽旅游发展进入了新阶段。

2.1.3 进一步加快安徽旅游发展的对策建议

从以上实证分析可以看出,安徽省旅游业在近十几年得到了快速发展,其对全省国民经济的影响力越来越大,实实在在成为了支柱产业。但是,我们应该清醒地认识到,安徽旅游业目前还存在很多问题,仍然存在巨大的发展空间。笔者就如何更好地促进安徽旅游业的发展从而促进整个安徽经济水平的进一步提高,提出以下几点参考建议。

1. 进一步营造发展旅游业的氛围

旅游业是综合性产业,与旅游业相关联的产业和部门达 100 多个,需要动员各种力量共同推进。首先,各级政府和部门要形成发展旅游业的共识。充分认识到旅游业在保增长、扩内需、调结构中的重要作用,努力把旅游业打造成我省国民经济战略性支柱产业、人民群众更加满意的现代服务业和服务业的先导产业。其次,政府应进一步加大对旅游业的政策扶持和资金投入。目前,安徽省旅游业正处于蓬勃上升的时期,发展速度很快,但由于基础设施和配套条件还比较差,将资源优势转化为经济优势还有一定的困难。政府要及时出台推动旅游业发展的支持措施,为旅游资源的开发创造条件,如在城市的规划中,应考虑旅游功能,不仅为市民提供服务,同时也为游客提供服务;在交通的规划中,应优先考虑旅游通道的畅通,提高旅游景区的可进入性;在产业的布局上,应把旅游业摆在重点支持和加快发展的地位,将旅游项目招商作为地方招商引资的重点板块,并在项目落地上开通绿色通道,推进旅游项目快建设、早见效;在资金投入和政策扶持上向旅游业倾斜等。

2. 合理布局,突出优势,逐步提高旅游业总体水平

虽然安徽省近些年的旅游总收入增长强劲,但在总体水平上与其他省份相比还存在一定的差距。2010 年,全省旅游总收入居中部地区第四位,分别比河南、湖北和湖南少 1177.3 亿元、309.3 亿元和 274.6 亿元。旅游总收入占全省服务业增加值的比重为 27.8%,比河南、山西分别低 7.8 个和 4.5 个百分点。同时,安徽省入境游发展缓慢。相对于沿海地区和旅游发达省市来说,入境游"短腿"现象严重,2010 年全省入境游客仅占全国的 1.5%,旅游外汇收入也仅占全国的 1.8%。根据安徽省旅游业发展"十二五"规划[5],当前安徽旅游整体格局是"三大旅游中心城市,四大旅游板块"。从目前来看,四大板块之间的发展存在差异,整体上均存在一定的不足,省会合肥作为旅游中心城市的地位尚未真正确立起来。因此,在下一步的发展过程中应整体规划、差别对待、分类指导、突出优势,不断提高安徽旅游业的总体水平。

3. 加大宣传推介,提高知名度

安徽旅游资源丰富,有世界自然文化遗产、国家级重点风景名胜区黄山、中国四大佛教名山之一九华山,有著名的道教圣地齐云山、"南岳"天柱山、琅琊山,还有底蕴厚重的徽派文化等。但除了黄山、九华山、西递宏村外,安徽的其他旅游景点世人知之不多。这就要求安徽加大旅游宣传推介的力度,只有更多人了解安徽的美与好,才会有更多的旅游者选择到安徽旅游[6]。在宣传工作中,要注意整体策划,应有计划、有步骤、有重点地进行。首先,要建立旅游宣传促销工作机制,积极引进国内外知名创意公司、主流媒体等,充分利用电视、网络、报刊等媒介,打造旅游品牌,推介旅游整体形象,使之成为我省靓丽的名片和形象标志。其次,要继续办好徽商大会,积极参与和承办各类国际性的旅游活动,努力使节会、展会与旅游互促共进、共同发展。最后,要加强境外客源市场分析研究,密切关注欧美等市场走向,加大日、韩、东南亚等地区的宣传推介力度,努力稳定入境游市场份额。在具体操作上,主要旅游景区景点可以自主对外宣传促销。同时每年省、市可以组织全省、全市的一些旅游景区景点联合进行宣传促销。这样旅游资源可以互补,不会空置,旅游线路也便于组合,效果应该会更好一些。要充分利用网络营销,不仅要宣传旅游资源,更应详细介绍餐饮、住宿、购物、交通、医疗,甚至是近邻的旅游线路,注重细节方面的服务。总之,应尽可能地加大宣传推介力度,不断提高知名度,增加旅游客源。

4. 积极参与区域合作,发挥联动效应

近年来,安徽省与周边省市的合作日益加深,与苏、浙、沪3省市的旅游部门建立了"长三角旅游分工合作"体系,黄山、池州等市先后加入了"长三角旅游城市联盟";与中部5省建立了旅游协作年会制度并通过中博会推进旅游互通互融;鄂、豫、皖3省6市36个县共同签署大别山红色旅游区域发展合作宣言,共同打造大别山红色旅游品牌。尤其是2019年,安徽正式成为长三角的一员,建立了长三角旅游合作联席会议制度,旅游区域合作格局初步形成。在国家积极发展旅游政策的推动下,中部6省均把旅游业作为"十二五"期间的发展重点。既带来了激烈的竞争,也带来了合作的机遇。安徽旅游在面对国际金融危机的后续影响和国内旅游的激烈竞争环境下,必须抢抓机遇,坚定信心,正视差距,积极应对,加快旅游强省建设步伐,在全国旅游分工格局中争取有利地位。今后应继续按照"大旅游、大市场、大产业"的发展理念,进一步加强与长三角、中部地区的区域旅游交往,不断发挥旅游业在长三角和中部地区的凝聚力和影响力。

总之,作为一个多功能、综合性产业,旅游业的发展既是经济问题,也是民生问题;既是发展问题,也是和谐问题。在促进安徽旅游业不断发展的同时也要兼顾相关行业的发展,相互影响,良性循环,从而促进安徽经济的可持续发展。

2.2 旅游产业与区域经济发展耦合协调度分析

当前旅游产业发展强劲,其产业地位不断提升,对区域经济增长和社会发展的贡献越来越大。与此同时,区域经济的快速发展也有力地推动了旅游产业的进一步提升。从现有的与旅游产业相关的文献来看,学者们已经进行了大量有价值的研究,如近年来中国旅游业的发展现状与进程、对经济的贡献以及旅游产业发展与区域经济的相互作用与影响等,这些均成为本书研究的重要基础。但现有的研究也存在一些不足,如对具有典型旅游资源的城市的旅游产业与区域经济的协调发展状况进行比较的研究不多。此外,从时间序列的角度动态地分析一个地区旅游产业与区域经济相互协调发展变动过程的研究也极少。为弥补以上不足,本书试图选择有典型旅游资源的城市为研究对象,通过构建模型从时间序列的角度动态地分析旅游产业与区域经济的耦合协调发展状况。

本节的研究对象黄山市地处安徽省最南端,历史上属于徽州地区,是一个"八山一水一分田"的山区,目前总人口数达 152 万,市内有非常独特的自然旅游资源和非常丰富的人文旅游资源。自改革开放以来,黄山市的旅游产业得到了长足发展,在安徽省旅游业发展中具有举足轻重的地位。黄山市是一个比较典型的以旅游立市的城市,通过建立耦合协调度模型对其旅游产业与区域经济的协调发展状况进行定量描述和定性分析,并在此基础上为黄山市旅游产业与区域经济的进一步发展提供决策与建议,具有一定的现实意义。通过理论与实证结合进行分析研究,得出的结论对我国其他地区特别是与黄山市具有相似性的地区,即未来主要以旅游发展带动区域经济发展的地区具有一定的启示作用,而且对国内有关旅游产业与区域经济关系的研究内容方面也是很好的补充。

2.2.1 文献综述

当前在旅游产业与区域经济发展关系的研究内容上,国内外学者主要集中于三个方面:一是分析旅游产业发展对区域经济的贡献,H. Khan、S. Phang、R. Toh 和 C. Lee、K. Kwon 运用协整理论对旅游业与经济增长的关系进行了分析,结果表明旅游业的发展对国民经济的增长有积极的促进作用[7-8];吴国新通过实证分析,表明旅游业发展对我国经济增长有较大的推动作用[9];周志宏、周雨婷运用计量模型对我国省级旅游产业绩效进行了对比分析,得出我国省级旅游经济的效率自 2000 年以来保持持续增长的结论[10];丁红梅分析了安徽旅游业发展对安徽经济的影响,分析结果表明安徽旅游收入对经济影响显著,安徽的旅游收入和国民收入之间存在长期的均衡关系[11]。二是在区域经济发展对旅游产业影响的研究中,O. H. Chi-Ok[12]通过协整分析及格兰杰因果检验得出韩国经济增长对旅游业具有单向推动作用。雷平、施祖麟通过对 44 个国家与地区的面板数据进行分析,得出经济发展与人均 GDP 的提高对出境旅游有促进作用的结论[13]。朱如虎分析了福建省经济对旅游业发展的支撑力,认为整体支撑力不强,且各地市之间差距较大[14]。三是近年来有不少学者对旅游产业与区域经济发展的互动方面进行了研究,如生延超、钟志平以湖南省为例,运用耦合协调度模型对其 14 个市与地区的旅游业与区域经济发展耦合协调状况进行了实证分析,结果发现除长沙市达到优质协调外,湖南省其他地区的旅游业与区域经济的协调度还很低,有待进一步提高[15]。姜婳、马耀峰等对东部 10 个省的旅游产业与经济耦合协调度进行了分析,并对 10 个省的耦合协调度等级进行了划分[16]。以上第一、第二个方面的研究主要集中于静态和单边的联系,而对旅游产业与区域经济发展之间的互动关系的分析则较为欠缺。第三个方面虽然对旅游产业与区域经济的耦合协调关系进行了重点研究,但研究对象一般以省为单位,而实际上各省中各市的旅游资源状况与经济发展水平是不一样的,省级旅游产业与区域经济的耦合协调度水平往往不能反映某些拥有典型旅游资源城市的实际状况。另外,当前大多是研究某一年或某一段时间旅游产业与区域经济的平均耦合水平,没有充分考虑时间序列,这不能很好地反映不同时期旅游产业与区域经济耦合协调度的发展变化状况。本节在这些方面进行了改进:第一,在研究区域上,选择了具有丰富旅游资源且旅游产业已成为当地国民经济主导性支撑产业的黄山市为例,具有一定的代表性和典型性,这也是对旅游产业与区域经济协调发展研究领域的一个很好的补充。第二,利用耦合协调度模型对 2004—2011 年黄山市旅游产业与区域经济发展的耦合协调状况进行实证分析,考虑了时间序列,从而更好地揭示了两者动态关联的耦合发展规律。

2.2.2 旅游产业与区域经济耦合协调度模型与评价指标体系

本节借鉴相关文献和资料,构造能够比较全面地反映 2 个子系统发展成效和协同效应的旅游产业与区域经济发展耦合的评价模型,以测度黄山市旅游产业与区域经济的耦合协调发展状况。

1. 耦合协调度模型

2 个或 2 个以上系统的各组成要素不断互动、相互影响的现象称为耦合,描述系统之间影响程度的即为耦合度。借鉴物理学中的容量耦合概念,多系统的耦合度模型[17]为

$$C_n = \left[\frac{u_1 \times u_2 \times \cdots \times u_n}{\prod(u_i \times u_j)}\right]^{\frac{1}{n}}$$

则 2 个系统的耦合度函数为

$$C_2 = \left[\frac{u_1 \times u_2}{(u_1 + u_2) \times (u_1 + u_2)}\right]^{\frac{1}{2}}$$

式中,u_1 和 u_2 分别为旅游产业系统和区域经济系统的综合评价指数,C_2 为 2 个系统的耦合度。此模型能反映 2 个系统之间的耦合状况,但存在缺陷,如当 2 个系统各自的发展水平都较低时,其耦合协调度却同样可能较高,这显然与 2 个系统各自发展水平都较高时耦合度较高的内涵是不同的。为此,可对上述模

型进行修正[18],即

$$D(x,y) = \sqrt{C \times T}$$
$$T = \alpha u_1 + \beta u_2$$

式中,D 为耦合协调度,T 为旅游产业与区域经济综合协调指数,α、β 为待定系数。虽然旅游产业的发展推动了区域经济的发展,但旅游业不是区域经济发展的唯一推动力,结合对 10 位专家的访谈结果,这里对 α、β 分别赋值 0.6、0.4。

参考廖重斌的研究成果[19],反映旅游经济系统与区域经济系统耦合协调发展状况的协调度等级划分标准见表 2.3。

表 2.3 耦合协调度等级划分标准

序号	协调度	协调等级	序号	协调度	协调等级
1	0~0.1	极度失调	6	0.501~0.6	勉强协调
2	0.101~0.2	严重失调	7	0.601~0.7	初级协调
3	0.201~0.3	中度失调	8	0.701~0.8	中级协调
4	0.301~0.4	轻度失调	9	0.801~0.9	良好协调
5	0.401~0.5	濒临失调	10	0.901~1	优质协调

2. 数据来源和评价指标体系

(1) 数据来源

本节中黄山市旅游产业的数据和区域经济的数据,主要来源于 2004—2011 年《黄山市统计年鉴》及《黄山市社会发展统计公报》。

(2) 评价指标体系

反映旅游产业系统与区域经济系统发展水平的指标繁多,根据科学性、相关性、数据的可获得性等原则,采用理论分析法与专家咨询法对指标进行筛选和设置。首先,进行了理论分析,分别对旅游产业与区域经济的概念进行分析与界定;其次,先后对 10 位专家进行了访谈,并征询意见。综合以上两者分别构建了旅游产业评价指标体系与区域经济评价指标体系。其中,旅游产业评价指标体系共包含 8 个指标,分别为:国内旅游收入、旅游创汇收入、国内旅游人次、入境旅游人次、限额以上住宿餐饮业从业人员数、星级宾馆数、旅行社数、A 级景区数。区域经济评价指标体系包含的指标为:GDP、第三产业产值、财政收入、财政支出、城镇新增固定资产、邮电业务量、公路长度、限额以上住宿餐饮业法人企业数、人均 GDP、农民人均纯收入、在岗职工平均工资。

(3) 综合评价指数计算模型

要计量耦合度,需先测算出旅游经济系统与区域经济系统各自的综合评价指数,该处利用线性加权法进行测算,公式如下:

$$u_{i=1,2} = \sum_{j=1}^{n} w_{ij} u_{ij}, \quad \sum_{j=1}^{n} w_{ij} = 1$$

式中，u_1 和 u_2 分别为旅游产业系统和区域经济系统的综合评价指数，u_{ij} 为第 i 个系统的第 j 个指标，是通过对原始指标的无量纲处理得到的，即

$$u_{ij} = \frac{x_{ij} - x_{j_{\min}}}{x_{j_{\max}} - x_{j_{\min}}}$$

式中，x_{ij} 为第 i 个系统的第 j 个原始指标，$x_{j_{\max}}$、$x_{j_{\min}}$ 分别 x_{ij} 的最大值和最小值。为了尽可能避免主观因素带来的偏差，采用了比较客观的熵值赋权法[20]来计算指标权重 w_{ij}。具体计算过程较复杂，此处省略，各指标权重的计算结果见表 2.4。

表 2.4 黄山市旅游产业与区域经济各指标权重

旅游产业指标	权重	区域经济指标	权重
国内旅游收入	0.1396	GDP	0.0924
旅游创汇收入	0.1432	第三产业产值	0.0864
国内旅游人次	0.13	财政收入	0.1119
入境旅游人次	0.1159	财政支出	0.1002
星级宾馆数	0.1356	城镇新增固定资产	0.086
旅行社数	0.1268	邮电业务量	0.0867
A级景区数	0.0982	公路长度	0.0817
限额以上住宿餐饮业从业人员数	0.1107	限额以上住宿餐饮业法人企业数	0.0829
		人均GDP	0.0924
		农民人均纯收入	0.0934
		在岗职工平均工资	0.086

2.2.3 黄山市旅游产业与区域经济耦合协调结果分析

通过耦合协调度模型的计算，黄山市旅游产业和区域经济 2004—2011 年的综合评价指数值 u_1、u_2 和耦合协调度值 D 见表 2.5，其变化趋势如图 2.6 所示。

1. 黄山市旅游产业与区域经济发展水平

从表 2.5 可以看出，2004—2011 年黄山市旅游产业和区域经济发展水平稳步提高，发展状况总体良好。从旅游产业发展的情况来看，2004 年黄山市旅游经济发展水平最低，除限额以上住宿餐饮业从业人员数以外，其他旅游产业指

标均为历年最低,这主要是因为 2003 年的"非典"对黄山市旅游发展产生的负面影响仍然存在。而 2011 年,除星级宾馆数以外,其余指标都是历年最高,旅游产业的发展水平也达到历年最高(0.965)。自 2008 年以来,黄山市旅游产业指标均显著上升,国内旅游和入境旅游提升幅度明显,旅游产业发展业绩比较突出。从统计数字来看,黄山市旅游收入总量在 2009 年以前一直排在安徽省 17 个市的首位,2006—2011 年,黄山市旅游总收入分别占安徽省旅游总收入的 20.8%、19.4%、19.3%、19%、17.73%、13.27%。

表 2.5　黄山市旅游产业与区域经济发展水平及耦合协调度等级划分

年份	u_1	u_2	D	耦合水平
2004	0.018	0.017	0.094	极度失调
2005	0.096	0.069	0.205	中度失调
2006	0.187	0.202	0.311	轻度失调
2007	0.348	0.355	0.419	濒临失调
2008	0.624	0.516	0.538	勉强协调
2009	0.7	0.6	0.574	勉强协调
2010	0.841	0.797	0.642	初级协调
2011	0.965	0.961	0.694	初级协调

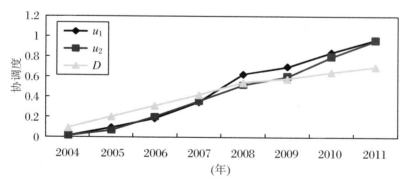

图 2.6　黄山市旅游产业与区域经济发展水平及耦合协调度变化趋势

黄山市旅游业的发展积极地促进了区域经济的发展。第一,旅游业发展带来了国民收入的增加。根据蔡艳芬的实证计量,旅游收入每增加 1 个单位,黄山市 GDP 将增加 1.09 个单位[21]。由此可见,旅游发展对黄山市国民收入的增长有明显贡献。第二,旅游业的发展优化了相关产业的结构。旅游消费的综合效应很强,可以带动区域内的相关行业,如交通业、商业、轻纺工业、工艺美术、航空业、通信事业和其他服务性行业的发展。同时,随着游客对旅游消费质量的要求不断提高,也为优化相关行业结构及促进旅游商品的升级换代提供了内在动力。第三,创造了大量的外汇收入。2011年黄山市入境旅游者达131.4万人次,外汇收入达3.85亿美元,成为黄山市创汇的重要来源。第四,为当地居民提供了大量的就业机会。旅游产业很多领域的就业门槛与就业成本较低,就业方式灵活,对不同类型的劳动力都有较大的需求;加之旅游产业发展还能带动相关行业的发展,提供的就业机会会更多。第五,旅游产业的发展加强了区域合作与交流。近年来,黄山市在积极地开展与省内外旅游城市(景区)的区域合作,着力打造"两山一湖""名山(黄山)、名湖(西湖)、名城(上海)"等国际黄金旅游线和"皖浙赣旅游金三角"[22],在客源互送、市场共享、产品共研、品牌共建、人才交流等方面进行广泛合作,同时为相关产业的发展引进了比较先进的技术、设备、人力、管理经验等,推动了区域经济的发展。

从区域经济的发展状况来看,2011年黄山市的GDP、第三产业产值、城镇新增固定资产等8项指标均为2004年的2倍以上,财政收入、财政支出已达到5倍以上,为旅游产业的发展提供了基础和支撑条件。第一,区域经济的发展增加了城乡居民的收入,刺激了旅游消费,改善了居民的生活方式,为旅游产业的高速发展奠定了基础。第二,区域经济的发展可以促进旅游基础设施和服务配套设施的完善。交通运输、邮电通信、市政等基础设施是旅游业的重要组成部分,需要投入大量资金。旅游6个要素中的娱乐、食宿、购物等活动,也需要投资建设相应的服务配套设施。在"十一五"期间,黄山市旅游项目总投资达728.12亿元[23],这其中除了外来资金,黄山市也提供了大量的资金支持。第三,区域经济发展提高了当地的财政收入,使政府有能力在旅游业发展方面给予更多的支持,有助于提升旅游业的竞争力。黄山市出台了一系列措施扶持旅游业的发展,如2010年,黄山市扶持壮大15家市级文化产业示范基地,大力开发影视影艺产品,推出百处最佳旅游摄影点,开展了"徽韵""黄梅唱黄山"等一批旅游定点演出,开发了"徽州六绝"(木雕、砖雕、石雕、竹雕、徽墨制作和撕纸书法)旅游表演项目等,并对旅游商品生产企业研发新产品、新技术给予了税收优惠。这些措施的实施为黄山市旅游产业竞争优势的形成与竞争力的提升提供了条件。第四,区域经济的发展可以提升城市知名度,增加旅游吸引力。区域经济的迅速发展可以优化产业结构,完善基础设施建设,提升区域形象,使城市成为重要的旅游目的地,吸引更多的游客,对旅游产业的发展有很大的促进作用。根据陈秀洁、代合治的研究,发现区域经济对旅游产业发展的相关系数为0.759,这说明区域经济状况越好,旅游产业就越发达[24]。

以上分析表明,黄山市旅游产业和区域经济各组成要素均处在良性的互动发展之中,旅游产业发展对区域经济的发展有很大的推动作用,而区域经济发展也积极地促进了旅游产业的发展。

2. 黄山市旅游产业与区域经济发展的耦合协调度

图 2.6 中的 3 条曲线分别代表了黄山市旅游产业和区域经济的发展趋势及两者的耦合变动趋势,可以发现,2004—2011 年,黄山市旅游产业与区域经济水平逐年提升,两系统的耦合协调水平也稳步提高。结合表 2.5 可以看出,自 2004 年以来,黄山市旅游产业和区域经济耦合协调状况分为 2 个阶段,即 2004—2007 年的失调阶段和 2008—2011 年的协调阶段。2006—2007 年 $u_1 < u_2$,表明旅游产业对区域经济的贡献落后于区域经济对旅游产业的贡献,为旅游产业发展的滞后时期。该阶段,黄山市的 GDP 环比增长速度分别达到 13.23%、14.4% 和 14.05%,区域经济发展较快,极大地促进了旅游产业的发展,该时期旅游业总收入每年以 30% 左右的速度增长,但旅游业对区域经济的促进作用还未体现出来。2008 年以后,黄山市旅游产业与区域经济耦合互动效应逐步增强,该阶段的 $u_1 > u_2$,表明旅游产业发展较快,区域经济发展滞后于旅游产业的发展。该阶段黄山市旅游总收入的增速分别为 27.73%、21.16%、18.43%、23.84%,增速虽然低于合肥、亳州等少数地市,但由于黄山市旅游总收入的绝对值一直较高,因此其旅游总收入的增长速度还是很快的,这极大地促进了当地区域经济的发展。从表 2.5 和图 2.6 还可以看出,即使到了 2011 年,黄山市的旅游产业与区域经济耦合协调度也只是达到了初级协调水平,这与安徽省旅游产业与区域经济发展耦合协调度的整体情况相似。在刘定惠、杨永春的研究中,安徽省 17 个地级市中只有合肥市的旅游产业与区域经济发展处于良好协调状态,其他地级市基本都处于失调或勉强协调状态[25]。这说明包括黄山市在内的安徽大多数地级市旅游产业与区域经济发展水平还有待提高,需要采取一定的措施促进两者间的协调发展。

2.2.4 结论与建议

与现有研究相比,本节从动态的角度对 2004—2011 年黄山市旅游产业与区域经济发展的耦合协调度进行分析,得出了一些有益的结论:

第一,旅游产业与区域经济之间的交互耦合关系确实存在,但从时间角度来看,在不同的发展阶段,作为 2 个子系统的旅游产业与区域经济之间的耦合协调状况不同。当旅游产业与区域经济发展水平都很低时,两者处于失调状态,这说明此时 2 个系统在无序状态下各自低水平发展,未形成互相促进的良性关系。而随着旅游产业和区域经济的快速发展,两者的互动关系逐渐明显,从失调状态向协调方向发展,这体现出旅游产业-区域经济这个大系统由无序走向有序的发展趋势。

第二,虽然当前黄山市旅游产业与区域经济的各自发展水平较高,但两者的耦合协调度仍然偏低,这说明黄山市旅游产业的关联效应并没有得到充分发挥,区域经济对旅游产业的支撑作用也有待加强。这一点对其他经济区域的发展有一定的启示,并不是旅游产业与区域经济发展水平高,两者的耦合协调度就高,关键是2个系统的良性互动与正面促进,旅游产业与区域经济的良性发展需协调好2个系统的耦合关系。

第三,旅游产业的发展不仅可以富民,也可以富财政以及带动区域经济的发展,同时,区域经济的发展又可以推动旅游产业的提升,2个系统可以相互促进,形成良性循环。因此,对于像黄山市这样工业不发达但具有丰富旅游资源的区域来说,积极推动旅游产业发展从而实现区域经济的可持续发展,是未来的经济发展方向。

目前,黄山市旅游产业与区域经济的耦合协调度仅仅达到初级协调状态,未来5年,黄山市旅游业与区域经济发展应向中级协调发展,最好能达到良好协调。黄山市应采取多种措施来实现这一目标。

第一,坚持将政府主导与市场机制运作相结合,优化旅游产业发展机制,不断提升黄山市旅游产业发展的综合实力。在市场开发、产品促销、经营服务等方面,应充分发挥市场机制合理配置资源的作用;在积极促进个体、私营和中小旅游企业发展,推动黄山市建设具有国际竞争力的旅游企业集团,建立具有黄山特色的旅游产业体系等方面,应积极发挥政府的主导作用。充分发挥旅游产业关联度高、综合效益好、发展带动力强的特点,推动以旅游业为核心和龙头的第三产业的发展,并围绕旅游产业发展进一步调整农业生产结构和工业生产结构,从而促进黄山市的经济结构优化和产业升级。

第二,进一步加强区域旅游经济合作。黄山市虽然旅游资源丰富,旅游发展潜力巨大,但要加快资源优势向产业优势转化,必须继续加强与安徽省内其他城市及周边省市的合作,积极融入"长三角旅游城市联盟"。通过与周边省市合作,可以在更大范围内实现资源共享和客源共享,从而带来黄山市旅游业的进一步发展,也能促进安徽省旅游业的整体繁荣。

第三,开发与保护并举,走可持续发展之路。黄山市具有良好的生态环境,在加强旅游开发的同时应更加注重生态保护,既要重视旅游经济的发展,又要注重资源的节约与环境质量的提高。在选择工业发展模式与工业发展项目上,极力发展绿色工业,走生态之路。同时依托丰富的旅游资源,积极发展第三产业,带来区域经济的整体提升,从而实现旅游产业与区域经济的可持续发展。

本节仅对2004—2011年黄山市旅游产业与区域经济发展的耦合状况进行纵向动态比较,时间跨度不够长,衡量指标也不是很全面。同时,对模型的其他应用并未进行深入的探讨,如基于时间序列的横向区域的比较、在考虑资源可持续利用和保持生态不断优化的前提下2个系统如何耦合发展等,这也是我们未来的研究方向。此外,在今后的研究中还应关注当前城市化进程对2个产业系统的影响,从而对旅游产业与区域经济的耦合机理进行更加深入的分析。

2.3 旅游产业与城市化耦合协调度分析

2011年,国务院批准每年5月19日为"中国旅游日",这标志着我国旅游业迈入了一个新的发展阶段,旅游产业的地位不断提升。根据联合国世界旅游组织当时的预测,中国将在2015年成为世界第一大入境旅游接待国和第四大出境旅游客源国,将成为世界第一大旅游市场[26],中国旅游产业的发展潜力巨大。旅游产业的快速发展,积极促进了有旅游资源地区的城市化进程;而城市化进程的发展也促推了旅游产业的进一步发展。对旅游业与城市化协调发展状况进行分析已成为当今旅游研究中的一项重要内容。

最早提出旅游城市化(Tourism Urbanization)概念的是国外学者P. Mullins,其以澳大利亚著名的旅游城市黄金海岸和阳光海岸为例,分析了旅游城市化对当地产生的一系列影响[27]。D. L. Gladstone 以美国为例,分析了美国休闲城市和旅游大都市的旅游城市化特征[28]。国内学者对旅游城市化的概念及特征也进行了界定及阐述,蔡建明认为旅游是推动城市化发展的特殊因素[29]。黄震方等对旅游城市化概念进行了界定,并以长江三角洲都市连绵区为例,探讨了旅游城市化的问题[30]。陆林等认为旅游城市化是城市化的一种模式,城市旅游在旅游城市化的过程中起着重要作用,城市旅游的发展促进了旅游城市化的进程[31]。谷凯等通过对海南城市化的研究,认为旅游发展作为主要因素之一推动了海南城市化的快速发展[32]。赵艳等认为旅游是推动城市化的一种动力[33]。

以上这些研究均可作为本书研究的基础,但可以看出,当前对旅游城市化的研究仍处于探索初期,国内外学者的研究大多集中在旅游与城市化概念界定、特征和关系描述等定性研究上,而对旅游与城市化发展之间的相互影响和相互作用研究得还不多,对两者发展过程中协调性如何、发展是否相互适应等问题研究得还不够深入,尤其从时间序列的角度动态分析旅游产业与城市化相互协调发展的研究极少。为此,本节选择我国中部近年来城市化与旅游发展都较快的合肥市为研究对象,通过构建模型从时间序列的角度动态地分析旅游产业与城市化的耦合协调发展状况。

2.3.1 旅游产业与城市化耦合机理、耦合协调度模型与评价指标体系

1. 旅游产业与城市化耦合机理

作为开放度高、关联性强的综合性产业,旅游产业的发展加快了所在区域的城市化进程。同时,城市的发展又为旅游产业提供了产业基础和保障,两者相互促进,互为背景,协调发展。

旅游产业的发展加快了城市化进程,提升了城市的综合竞争力。第一,旅游产业的发展为城市创造了 GDP,带动了城市经济的发展。2012 年,合肥市旅游收入为 592.35 亿元,占当年合肥市 GDP 的 14.2%,旅游产业发展对城市国民收入的增长有比较明显的贡献。第二,旅游产业的发展带动城市相关产业的发展,优化了产业结构。游客在旅游消费的过程中,带动了区域内相关建筑业、商业、交通业、轻纺工业、工艺美术、航空业、通信事业和其他服务性行业的发展[34]。同时,随着游客对旅游消费的质量要求越来越高,相关行业优化产业结构及旅游商品的升级换代有了市场需求和动力。第三,入境旅游为城市创造了一定的外汇收入。2012 年合肥市入境旅游人数为 37.5 万人次,比 2011 年增长 13%,旅游外汇收入为 2.3 亿美元,比 2011 年增长 11.9%,旅游外汇收入是合肥市创汇的重要手段。第四,旅游产业的发展为城市待业人员提供了大量的就业机会。旅游产业本身就是包含多种服务内容的劳动密集型产业,就业成本低,就业方式灵活,对不同类型的劳动力都有较大的需求。再加上旅游产业的发展还能带动相关产业的发展,增加相关产业的就业,为社会提供较多的就业机会。据世界旅游组织测算,旅游从业者每增加 1 人,可增加 5 个相关行业的就业机会[34],这有力地提升了人口城市化进程。第五,旅游产业的发展促进了区域合作与交流,提升了城市的对外开放程度。旅游产业的发展促使城市与周边区域在客源互送、市场共享、产品共研、品牌共建、人才交流等方面的广泛合作,同时也为相关产业的发展引进了比较先进的技术、设备、人力、管理经验等[35],这在一定程度上推动了城市化进程。旅游产业对城市化发展的贡献是多方面的,我们可以将上述旅游业发展对城市发展的推动作用概括为收入效应、产业关联效应、创汇效应、就业效应和区域平衡效应等。其作用机理如图 2.7 所示。

旅游产业的发展推动了城市化进程,同时,城市旅游产业的发展也依赖于城市的发展水平,城市为旅游产业的发展提供基础和支撑条件。第一,城市的发展可以促进旅游基础设施和服务配套设施的完善。在城市基础设施中,交通运输、邮电通信、市政等硬件方面是旅游活动的重要组成部分,城市化水平越高,这些方面越完善。同时,城市化水平越高,旅游 6 个要素中的娱乐、食宿、购物等活动所需要的服务配套设施也越完善。第二,旅游的发展需要大量综合素

质较高的从业人员,而城市化的发展可以为旅游产业储备大量高层次、高素质的后备人才队伍,为旅游产业的进一步发展积累资源。第三,城市化的发展有助于提升旅游业的竞争力。城市化的发展能带动区域经济的提升,从而使政府有能力在投资、补贴、税收、奖励等方面给予旅游产业更多的扶持[35],形成产业竞争优势和竞争力。第四,城市化的发展可以提升城市知名度,增强旅游吸引力。城市化的迅速发展可以优化产业结构,完善基础设施建设,提升城市形象,使城市成为重要的旅游目的地,吸引更多游客。上述城市化发展对旅游产业的推动作用机理如图2.8所示。

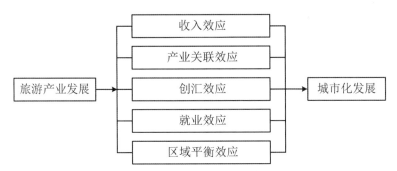

图 2.7 旅游产业推动城市化的作用机理

图 2.8 城市化发展推动城市旅游产业发展的作用机理

2. 耦合协调度模型

耦合协调度模型相关内容见第 2.2.2 节。

3. 数据来源和评价指标体系

(1) 数据来源

本节合肥市旅游产业数据和城市化指标数据,主要来源于 2004—2012 年《安徽省统计年鉴》《合肥市统计年鉴》及《合肥市社会发展统计公报》。

(2) 评价指标体系

反映旅游产业系统与城市化发展水平的指标繁多,遵循科学性、相关性、数据的可获得性等原则,采用理论分析法、频度统计法与专家咨询法对指标进行筛选和设置。首先,进行了理论分析,分别对旅游产业与城市化的概念进行分析与界定。其次,进行频度统计,利用 CNKI 数据库对 1996—2012 年中涉及旅游产业指标的 447 篇文献和涉及城市化水平测度的 562 篇文献进行频度统计,从中选取近年来使用频度较高的指标。最后,对 10 位专家进行了访谈,根据征询的意见,对指标进行调整。综合以上三者,我们分别构建了旅游产业评价指标体系与城市化评价指标体系。其中,旅游产业体系包含国内旅游收入、旅游创汇收入、国内旅游人次、入境旅游人次、限额以上住宿餐饮业从业人员数、星级宾馆数、旅行社数、A 级景区数 8 个评价指标。城市化指标体系包含的指标为:城市人口密度、非农业人口比重、人口自然增长率、第三产业就业人员比重、人均 GDP、第二产业占 GDP 的比重、第三产业占 GDP 的比重、城镇居民家庭人均可支配收入、城镇居民家庭恩格尔系数、固定资产投资、每万人拥有大学生人数、每万人拥有公共交通车辆数、每万人拥有卫生技术人员数、土地城市化率、现住房人均建筑面积、城市人均拥有道路面积、城市人均公共绿地面积,其中人口自然增长率、第二产业占 GDP 的比重、城镇居民家庭恩格尔系数为负向指标,其余均为正向指标。

(3) 综合评价指数计算模型

该处利用线性加权法测算旅游经济系统与城市化系统各自的综合评价指数,公式如下:

$$u_{i=1,2} = \sum_{j=1}^{n} w_{ij} u_{ij}, \quad \sum_{j=1}^{n} w_{ij} = 1$$

式中,u_i 表示各系统的综合评价指数,u_{ij} 可通过对原始指标的无量纲处理得到,表示第 i 个系统的第 j 个指标,即

$$u_{ij} = \frac{x_{ij} - x_{j_{\min}}}{x_{j_{\max}} - x_{j_{\min}}}$$

式中,x_{ij} 为第 i 个系统的第 j 个原始指标,$x_{j_{\max}}$、$x_{j_{\min}}$ 分别为 x_{ij} 的最大值和最小值[39]。采用比较客观的熵值赋权法[39]来计算指标权重 w_{ij},以避免主观因素带来的偏差。具体计算过程较复杂,此处省略,各指标权重的计算结果见表 2.6。

表 2.6 合肥市旅游产业与城市化各指标权重

旅游产业指标	权重	城市化指标	权重
国内旅游收入	0.1288	城市人口密度	0.0587
旅游创汇收入	0.1162	非农业人口比重	0.0611
国内旅游人次	0.1631	人口自然增长率	0.0547
入境旅游人次	0.1114	第三产业就业人员比重	0.0583
星级宾馆数	0.1042	人均 GDP	0.0579
旅行社数	0.1771	第二产业占 GDP 的比重	0.0513

续表

旅游产业指标	权重	城市化指标	权重
A级景区数	0.1246	第三产业占GDP的比重	0.0618
限额以上住宿餐饮业从业人员数	0.0746	城镇居民家庭人均可支配收入	0.0588
		城镇居民家庭恩格尔系数	0.0557
		固定资产投资	0.0605
		每万人拥有大学生人数	0.054
		每万人拥有公共交通车辆数	0.078
		每万人拥有卫生技术人员数	0.0595
		土地城市化率	0.0474
		现住房人均建筑面积	0.0566
		城市人均拥有道路面积	0.059
		城市人均公共绿地面积	0.0678

2.3.2 合肥市旅游产业与城市化耦合协调结果分析

1. 合肥市概况

合肥市是安徽省省会,位于安徽省正中部,长江、淮河之间,具有承东启西、贯通南北的重要区位优势,是国家级皖江城市带承接产业转移示范区核心城市、长三角城市经济协调会城市、合肥都市圈核心城市[15]。合肥是中国四大科教城市之一,拥有3个国家实验室和4个重大科学装置,是仅次于北京的国家重大科学工程布局重点城市,唯一的国家科技创新型试点城市,同时也是世界科技城市联盟会员城市[40]。合肥是首批中国国家园林城市,自然景色锦绣多姿,文化古迹甚多,是中国旅游资源最丰富的城市之一[41]。在《安徽省"十一五"旅游发展规划》中,合肥发展旅游的思路是:依托合肥中心城市建设,推行"1337"行动计划,大力发展都市观光旅游、会展旅游、休闲度假旅游、科教旅游、乡村旅游、工业旅游和红色旅游,将合肥打造成具有较高国内知名度和一定海外影响力的现代旅游中心城市[42]。近些年,合肥旅游发展较快,旅游总收入逐年上升,2013年达到524亿元,同比增长14%,占当年GDP的11%,其旅游收入在安徽省各市中排名第一。合肥旅游业的快速发展得益于合肥城市化的大步推进。自20世纪90年代以来,由于合肥市经济发展快速,城市化水平不断提高,2011年末,合肥的城镇化率达到64.6%,高出全国水平13.3个百分点。2012年,合肥的城镇人口为502.8万人,与2011年相比,增加16.9万人,增长3.5%,城镇化率达到66.4%,高出全省平均水平19.9个百分点[43]。按照《合肥市城市空间发展战略及环巢湖地区生态保护修复与旅游发展规划》,合肥的城市空间格局由"141"转向"1331",也就是1个主城区、3个副城市中心、3个产业新城和1个环巢湖示范区,这将更好地促进合肥的城市化和旅游产业的进一步发展。

基于上述原因,本节选取合肥市作为研究区域来分析旅游产业系统与城市化系统耦合协调关系,具有一定的现实意义。得出的结论希望对国内其他城市的旅游和城市化发展有一定的启示作用,对国内有关旅游产业与城市化关系的研究内容方面也是很好的补充。

2. 实证分析

运用耦合协调度模型进行计算,得出合肥市旅游产业与城市化耦合协调状况的具体指标见表2.7,合肥市旅游产业与城市化发展水平及耦合协调度变化趋势如图2.9所示。

表2.7 合肥市旅游产业与城市化发展水平及耦合协调度等级划分

年份	u_1	u_2	D	耦合水平
2004	0.0194	0.0758	0.1465	严重失调
2005	0.0327	0.13	0.191	严重失调
2006	0.0834	0.1166	0.2257	中度失调
2007	0.1344	0.1931	0.2889	中度失调
2008	0.2194	0.2944	0.3616	轻度协调
2009	0.3305	0.4042	0.4318	濒临协调
2010	0.4669	0.4866	0.4892	濒临协调
2011	0.8757	0.5043	0.5607	勉强协调
2012	1	0.5807	0.6007	初级协调

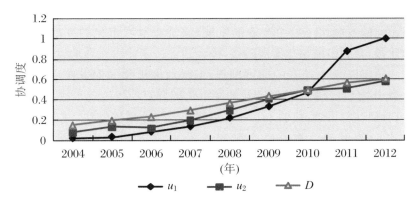

图2.9 合肥市旅游产业与城市化发展水平及耦合协调度变化趋势

(1) 合肥市旅游产业与城市化发展水平

从表 2.7 可以看出,2004—2012 年合肥市旅游产业和城市化发展水平稳步提高,发展状况总体良好。从数据来看,合肥市 2004 年旅游经济发展水平最低,除限额以上住宿餐饮业从业人员数和星级宾馆数以外,其他旅游产业指标均为历年最低,究其原因,主要是 2003 年"非典"对合肥市旅游产业发展的负面影响仍然存在。到 2012 年,合肥市所有旅游产业的指标均是历年最高,旅游产业综合评价值也达到历年最高。从横向来看,合肥市旅游总收入在 2009 年第一次超过黄山市,排在安徽省 17 个市的首位,在随后的 2010—2012 年均居全省首位。2009—2012 年,合肥市旅游总收入分别占安徽省旅游总收入的 19.1%、20.6%、22.1%、22.9%。从纵向来看,合肥市 2011 年旅游产业各指标均显著上升,这主要是因为 2011 年合肥市进行了区划调整,合肥旅游资源得以扩充,旅游产品类型极大丰富,温泉游、巢湖风光游等都成为合肥旅游的新亮点;另外,串联起环巢湖旅游资源,合肥的名人故里游、生态休闲观光游等都极大地得到了丰富,这些均极大地促进了合肥旅游业的发展[44]。合肥市旅游业发展对经济增长的贡献越来越大。同时,合肥市城市化综合评价值在多种因素的综合影响下,呈现出不断上升的趋势,城市化 U 值从 2004 年的 0.0758 增长到 2012 年的 0.5807。从合肥市城市化的各指标数值来看,2004—2012 年各正向指标基本都呈上升趋势,尤其是城市化率和人均 GDP 增长明显;而负向指标中城镇居民家庭恩格尔系数有一定的下降,说明合肥城市化水平在数量和质量方面都有较明显的提升,为旅游业发展提供的支撑力越来越大。

(2) 合肥市旅游产业与城市化发展的耦合协调度

图 2.9 中的 3 条曲线分别代表了合肥市旅游产业和城市化发展趋势及两者的耦合变动趋势,可以看出,合肥市旅游产业与城市化水平从 2004—2012 年逐年提升,旅游产业系统与城市化系统的耦合协调水平也稳步提高。结合表 2.7 可以看出,2 个系统 2004—2010 年一直处于失调状态,2011—2012 年开始走向协调阶段,但协调度不高。从以上图表来看,2004—2010 年 $u_1 < u_2$,表明合肥城市化的发展快于旅游产业的发展,旅游业对城市化的推动作用相对较小。该阶段,合肥市城市化发展较快,极大地促进了旅游产业的发展,虽然旅游业总收入每年以 30% 左右的速度增长,但其对城市化的促进作用还未体现出来。2011 年之后,合肥市旅游产业与城市化耦合互动效应逐步增强,2012 年达到初级协调状态。该阶段的 $u_1 > u_2$,表明旅游产业发展较快,城市化发展滞后于旅游产业的发展。该阶段合肥市旅游总收入的增速分别为 78.08%、43.87%,在安徽全省各市中增速第一。旅游产业的快速发展,极大地促进了当地区域经济的发展,也很好地推动了城市化进程。但从表 2.7 和图 2.9 也可以看出,即使到了 2012 年,合肥市的旅游产业与城市化耦合协调度也只是达到了

初级协调水平,这说明旅游产业与区域经济发展水平还有待提高,需进一步加强旅游开发,增强城市化发展的投入力度,并采取一定的措施促进两者的协调发展,使耦合协调度越来越高。

2.3.3 结论

本节从动态的角度对 2004—2012 年合肥市旅游产业与城市化发展的耦合协调度进行了分析,结果表明:

第一,旅游产业与城市化发展之间确实存在交互耦合关系,从时间角度来看,作为 2 个子系统的旅游产业与城市化发展在不同发展阶段的耦合协调状况不同。当旅游产业与城市化发展水平都很低时,两者处于失调状态,这说明此时 2 个系统未形成互相促进的良性关系,各自在无序状态下低水平发展。而随着旅游产业和城市化的快速发展,两者之间的互动关系逐渐明显,从失调状态向协调方向发展,这体现出旅游产业-城市化这个大系统由无序走向有序的发展趋势。

第二,当前合肥市旅游产业发展水平较高,而城市化 U 值到 2012 年才达到 0.5807,城市化水平还有待进一步提升。目前,2 个系统的耦合协调度仍然偏低,需进一步发挥合肥市旅游产业的关联效应,同时不断提升城市化对旅游产业的支撑力。这一点对其他城市的发展有一定的启示,在不断促进旅游产业和城市化发展水平的基础上,还应持续推进 2 个系统的良性互动,协调好 2 个系统的耦合关系。

第三,旅游产业的发展可以带动当地区域经济的发展,推动城市化进程,同时,城市化的发展又可以为旅游产业的发展提供支撑,2 个系统可以相互促进,形成良性循环。因此,对于像合肥市这样工业发展较好又具有比较丰富的旅游资源的区域来说,积极推动旅游产业和城市化的协调发展,是未来经济的发展方向。

本节仅对 2004—2012 年的合肥市旅游产业与城市化发展的耦合状况进行了纵向动态比较,衡量指标上不是很全面,时间跨度也不够长,同时,对模型的其他应用并未进行深入的探讨,如未从横向角度对安徽省其他地区旅游产业与城市化的耦合协调状况进行比较分析,这将是我们未来的研究方向之一,以期对旅游产业与城市化耦合机理进行更加深入的分析。

本 章 小 结

本章介绍了安徽省旅游业发展对安徽经济的影响、旅游产业与区域经济发展耦合协调度(以黄山市为例)以及旅游产业与城市化发展的耦合协调度(以合肥市为例),对安徽旅游业与区域经济的关系进行了基本的介绍,为后文的分析打下了基础。

首先,本章对安徽省旅游业发展的基本情况进行了介绍。经过多年的发展,旅游业产值逐年提高,成为安徽省的支柱产业,通过计量模型实证分析,发现安徽旅游收入对安徽经济影响显著,需进一步推动安徽旅游业的发展。

其次,对黄山市旅游产业与区域经济的耦合发展状况进行了实证分析,这种分析使读者对旅游产业与区域经济的关系有了更加直观的认识,并且所采用的耦合协调度模型使分析结果更有说服力。

最后,以安徽省省会合肥市为研究对象,采用耦合协调度模型对合肥市2004—2012年旅游产业与城市化耦合协调发展状况进行了实证分析。通过构建旅游产业评价指标体系与城市化评价指标体系,对两者的耦合关系进行了详细的分析,并得出了一些有益的结论。

本章的研究工作为后续章节的研究提供了理论基础及分析依据。

参 考 文 献

[1] 安徽省发展和改革委员会,安徽省旅游局.安徽旅游发展大事记[M].北京:中国旅游出版社,2009.

[2] 胡永进.发挥旅游业促进作用 提升服务业发展水平:旅游业对安徽省服务业发展贡献作用的分析[EB/OL].(2021-06-13)[2022-08-31].https://m.51baogao.cn/2011/06/13/158.

[3] 刘霜,邱继勤.重庆市旅游产业发展与经济增长实证分析[J].重庆交通大学学报,2011,11(5):3.

[4] 高蔚青.安徽省旅游发展概述[EB/OL].(2011-08-11)[2022-08-31].http://www.ahta.com.cn/News/Html/11/08/110811100159.html.

[5] 安徽省发展和改革委员会,安徽省旅游局.安徽省旅游业发展"十二五"规划[EB/OL].(2013-11-22)[2022-08-31].https://www.docin.com/p-729267649.html.

[6] 何成进,张洪.安徽旅游业的现状、问题及对策[J].科技和产业,2011,11(10):4.

[7] Khan H,Phang S,Toh R. The Multiplier Effect:Singapore,Hospitality Industry[J]. Comell Hotel and Restaurant Administration Quarterly,1995(36):64-69.

[8] Lee C,Kwon K. Importance of Secondary Impact of Tourism Receipts on the South Korean Economy[J]. Journal of Travel Research,1995(34):50-54.

[9] 吴国新.旅游产业发展与我国经济增长的相关性分析[J].上海应用技术学院学报,2003,3(4):238-241.

[10] 周志宏,周雨婷.我国省级旅游产业绩效的对比分析[J].统计与决策,2012(12):139-141.

[11] 丁红梅.论安徽省旅游业发展对安徽经济的影响[J].合肥师范学院学报,2012,30(5):57-61.
[12] Chi-Ok O H.The Contribution of Tourism Development to Economic Growth in the Korean Economy[J].Tourism Management,2005,26(1):39-44.
[13] 雷平,施祖麟.出境旅游、服务贸易与经济发展水平关系的国际比较[J].旅游学刊,2008,23(7):28-33.
[14] 朱如虎.福建省经济对旅游业的支撑力研究[D].福州:福建师范大学,2009.
[15] 生延超,钟志平.旅游产业与区域经济的耦合协调度研究:以湖南省为例[J].旅游学刊,2009,24(8):23-29.
[16] 姜嫣,马耀峰,高楠,等.区域旅游产业与经济耦合协调度研究:以东部十省(市)为例[J].华东经济管理,2012,26(11):47-50.
[17] 王兆峰,余含.张家界旅游产业发展与小城镇建设耦合发展研究[J].经济地理,2012,32(7):165-171.
[18] 孙爱军,董增川,张小艳.中国城市经济与用水技术效率耦合协调度研究[J].资源科学,2008,30(3):446-453.
[19] 廖重斌.环境与经济协调发展的定量评判及其分类体系:以珠江三角洲城市群为例[J].热带地理,1999,19(2):171-177.
[20] 王永明,马耀峰.城市旅游经济与交通发展耦合协调度分析:以西安市为例[J].陕西师范大学学报(自然科学版),2011,39(1):86-90.
[21] 蔡艳芬.旅游业对黄山市经济贡献的实证分析[J].科技和产业,2010,10(9):65-67.
[22] 吴江海."南大门"能否"边缘隆起"[EB/OL].(2010-05-10)[2012-12-27].http://www.newshs.com/html/201005/10/20100510173138.htm.
[23] 安徽省旅游局.安徽省"十二五"旅游重大项目汇编[M].北京:人民出版社,2011.
[24] 陈秀洁,代合治.中国省域旅游产业发展的动因分析[J].社会科学家,2008(4):96-98.
[25] 刘定惠,杨永春.安徽省旅游产业与区域经济耦合协调度分析[J].特区经济,2011(6):188-190.
[26] 朱希伟,曾道智.旅游资源、工业集聚与资源诅咒[J].世界经济,2009(5):65-72.
[27] Mullins P.Tourism Urbanization[J].International Journal of Urban and Regional Research,1991,15(3):26-342.
[28] Gladstone D L.Tourism Urbanization in the United States[J].Urban Affairs Review,1998,33(1):3-27.
[29] 蔡建明.中国城市化发展动力及发展战略研究[J].地理科学进展,1997,16(2):9-14.
[30] 黄震方,吴江,侯国林.关于旅游城市化问题的初步探讨:以长江三角洲都市连绵区为例[J].长江流域资源与环境,2000,9(2):160-165.
[31] 陆林,葛敬炳.旅游城市化研究进展及启示[J].地理研究,2006,25(4):741-750.
[32] 谷凯,杰夫瑞·沃.海南快速城市化过程分析[J].国外城市规划,2002(2):41-43.
[33] 赵艳,徐冲.河南省旅游城市化水平测度研究[J].经济师,2010(12):210-211.
[34] 生延超,钟志平.旅游产业与区域经济的耦合协调度研究:以湖南省为例[J].旅游学刊,2009,24(8):23-29.

[35] 丁红梅.旅游产业与区域经济发展耦合协调度实证分析:以黄山市为例[J].商业经济与管理,2013,261(7):81-87.

[36] 王兆峰,余含.张家界旅游产业发展与小城镇建设耦合发展研究[J].经济地理,2012,32(7):165-171.

[37] 孙爱军,董增川,张小艳.中国城市经济与用水技术效率耦合协调度研究[J].资源科学,2008,30(3):446-453.

[38] 廖重斌.环境与经济协调发展的定量评判及其分类体系:以珠江三角洲城市群为例[J].热带地理,1999,19(2):171-177.

[39] 王永明,马耀峰.城市旅游经济与交通发展耦合协调度分析:以西安市为例[J].陕西师范大学学报(自然科学版),2011,39(1):86-90.

[40] 钱亚,张伟.九月去天津 展示合肥"绿"[EB/OL].(2012-07-12)[2013-08-27].http://www.chla.com.cn/htm/2012/0712/132453.html.

[41] 安徽省发展和改革委员会,安徽省旅游局.安徽省"十一五"旅游发展规划[EB/OL].(2006-10-29)[2013-08-27].http://www.ahta.com.cn/xinxi/html/06/061029144200.shtml.

[42] 郭友保.合肥城市化:现状、问题与战略选择研究[D].合肥:安徽大学,2012:21-23.

[43] 陶娴,王永亮.上半年合肥旅游业总收入超过230亿[EB/OL].(2012-07-25)[2013-08-28].http://ah.anhuinews.com/system/2012/07/25/005103103.shtml.

第 3 章　安徽省旅游精准扶贫效率测度

本章首先从旅游扶贫的视角出发,采用 DEA 模型对 2011—2017 年安庆市旅游扶贫效率进行测度,并运用 MI 法测算不同年份旅游扶贫效率的变化情况,分析了效率特征。结果表明:2011—2017 年安庆市旅游扶贫效率不高,旅游扶贫效率变化呈下降趋势。按效率形态将各县(市)划分为落后型、发展型、成熟型和衰退型 4 种类型;按演进将其模式划分为稳定式、渐进式和反复式 3 类。并从扶贫收益和扶贫效率的角度研究了空间分异状态,发现经济水平进步较快的县(市)扶贫效率不一定高,而人均 GDP 进步较慢的县(市)旅游综合扶贫也可能有效。然后,从调整产业结构、整合旅游资源、采取差别化扶贫路径等角度提出了提高安庆市旅游扶贫效率、实现旅游扶贫致富的相应对策。最后,以皖北地区为研究对象,采用 DEA 模型对 2013—2018 年皖北地区 8 个县的旅游扶贫效率进行测度,并运用 MI 法测算了各地区的旅游扶贫效率变化程度。结果表明:2013—2018 年皖北地区 8 个县的旅游扶贫效率中等,旅游扶贫效率变化呈上升趋势。按效率形态可将各县(市)划分为落后型、发展型、黄金型和潜力型 4 种类型;按演进模式可将其划分为稳定式、渐进式和反复式 3 类,并根据各自的特点提出了相应的旅游扶贫建议。本章结构安排如图 3.1 所示。

3.1　基于 DEA-MI 的旅游精准扶贫效率测度及空间分异研究

旅游精准扶贫,是指在具备一定旅游资源、区位条件比较优越及周边市场较好的贫困地区,积极进行旅游业开发并采取精准有效的扶贫措施,带动地区经济发展及贫困村、贫困户脱贫致富的一种扶贫开发方式[1]。对旅游扶贫进行研究已成为国内外学术界研究的重要内容之一。C. Ashley、D. Roe[2]的研究指出,旅游业的发展能够提高当地贫困人口的生活水平。M. Pillay、M. R.

Christian[3]的研究也指出,地区贫困人口可以从旅游发展中受益。目前,国内学者也对旅游精准扶贫展开了积极的研究,研究内容主要集中在旅游精准扶贫的概念(邓小海等[4]、陈秋华等[5])、旅游精准扶贫的运行机制(张春美等[6]、杨宏伟等[7])、旅游精准扶贫效应(党红艳等[8])、旅游精准扶贫存在的问题及对策(林巧等[9]、林移刚等[10])等方面。从目前的研究来看,大多数是定性研究,安徽省旅游精准扶贫效率方面的定量研究十分缺乏。

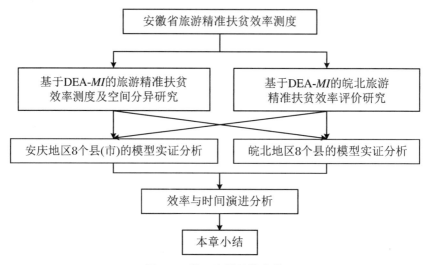

图 3.1　第 3 章的结构安排

自 2014 年《国务院关于促进旅游业改革发展的若干意见》提出"旅游精准扶贫"以来,安徽省旅游发展部门积极贯彻落实中央和省里关于精准脱贫、精准扶贫的决策,到 2017 年年底,全省旅游精准扶贫 16 个市、66 个县的 333 个村。其中,安庆市具有比较丰富的旅游资源,各个县(市)的旅游扶贫在近几年均有一定的成效,对该地区旅游精准扶贫效率进行测度具有重要的现实意义,也为其后期的旅游精准扶贫开展提供有价值的参考。

3.1.1　研究方法、研究对象和指标选取

1. 研究方法

本章的研究方法主要为 DEA 法和 MI 法。

(1) DEA 法

本书使用的 DEA 法[11]是由美国著名运筹学家 Charnes 和 Cooper 提出的,其基本模型是将每个评价单位看作一个多投入、多产出的决策单元(Decision Making Unit,DMU),使用线性规划的方法评价各决策单元的效率。基本模型包含 CCR 和 BCC 2 种,CCR 为评价综合效率,BCC 为评价技术效率,评价综

合效率=评价技术效率×规模效率。

本节以安庆市各县(市)作为评价决策单元(DMU),利用 DEA 法评价旅游精准扶贫效率。X_j 和 Y_j 分别表示第 j 个区域的投入和产出变量,则 CCR 表达式为

$$\begin{cases} \min[\theta - \varepsilon(e^{-t}s^- + e^{+t}s^+)] \\ \text{s.t.} \sum_{j=1}^{n} X_j\lambda_j + s^- = \theta X_0 \\ \sum_{j=1}^{n} Y_j\lambda_j + s^+ = Y_0 \\ \lambda_j \geqslant 0, \quad j=1,2,\cdots,n; \quad s^+ \geqslant 0; \quad s^- \geqslant 0 \end{cases}$$

式中,$\min \theta$ 为目标函数;s.t. 为限制性条件;λ_j 为决策变量;X_0 和 Y_0 分别为决策单元的原始投入和产出值。若在式中加入约束条件 $\sum \lambda_j = 1$,则可得到 BCC 模型。

(2) MI 法

MI[12]即全要素生产率指数,可评价跨期效率变化,用于测度 2011—2017 年安庆市各县(市)旅游扶贫效率的变化情况。MI 公式为

$$\text{MI}_{t+1} = \left[\frac{D^{t+1}(x^{t+1}, y^{t+1})}{D^{t+1}(x^t, y^t)} \times \frac{D^t(x^{t+1}, y^{t+1})}{D^t(x^t, y^t)}\right]^{\frac{1}{2}}$$

式中,$D^t(x^{t+1}, y^{t+1})$ 表示 $t+1$ 期的 DMU 与 t 期生产前沿之间的距离,即以 t 期 DMU 的生产前沿面来衡量 $t+1$ 期 DMU 的效率。结果分为 3 种:MI>1 表示效率提高,MI=1 表示效率不变,MI<1 表示效率下降。

2. 研究对象

本节选取安庆市的 8 个县(市)作为研究对象(DMU),这 8 个县(市)均拥有 2A 及 2A 以上等级的旅游景区,大多数景区有一定的知名度,景区建设也有一定的规模,各县(市)GDP 中旅游总收入占有一定的比重,所以有一定代表性。安庆市各县(市)代表性旅游景区分布见表 3.1。

3. 指标选取与数据来源

采用 DEA 法测量旅游扶贫效率对投入和产出指标的选取有较高的质量要求,指标选取得越合理,旅游扶贫效率测度的准确性就越高。笔者通过对已有文献进行梳理,并遵循指标遴选的原则:准确性(指标使用专业名词具有专业性)、科学性(投入产出指标之间有因果关系且与旅游扶贫之间具有逻辑联系)、可操作性(指标可查找且可量化),确定投入指标为旅游综合收入和游客接待人数,这 2 个指标基本能反映区域旅游业的发展状况,前者可评价区域旅游业的经济成果,后者可大致体现旅游发展对上、下游产业的带动效应。

表 3.1　安庆市各县(市)代表性旅游景区分布

地区	旅游景区	A级	地区	旅游景区	A级
安庆市	菱湖风景区	4A	岳西县	明堂山景区	4A
	独秀园景区	4A		岳西天峡景区	4A
	安庆巨石山生态文化旅游区	4A		大别山彩虹瀑布景区	4A
	大龙山乌龙溪景区	4A		岳西妙道山旅游景区	4A
	大观区美好甜园生态园	3A		天悦湾养生度假区	4A
	宜秀区永顺植物园	3A		岳西司空山景区	3A
	安庆"两弹元勋"邓稼先故居	3A		岳西红军中央独立二师司令部旧址	3A
	灵山石树景区	3A		红二十八军军政旧址	3A
	鲍冲湖休闲度假区	3A		岳西县王步文故居	2A
	龙湫池景区	3A	宿松县	宿松县石莲洞旅游景区	4A
	宜秀区叶笃正生平陈列馆	3A		安庆市宿松白崖寨风景区	4A
	迎江区赵朴初故居	3A		宿松小孤山景区	3A
	黄镇生平事迹陈列馆	2A	潜山市	天柱山风景区	5A
	天主堂景区	2A		潜山白马潭生态旅游景区	4A
怀宁县	怀宁孔雀东南飞旅游景区	4A		潜山山谷流泉文化园景区	4A
	怀宁县独秀山观音洞景区	3A		潜山县天龙关景区	4A
桐城市	桐城活海旅游区	4A		潜山县皖光苑	4A
	桐城嬉子湖生态景区	4A		潜山板仓旅游区	3A
	安庆市桐城孔城老街	4A		潜山县天柱大峡谷景区	3A
	桐城市桐城文庙-六尺巷	3A		潘铺生态休闲农庄	3A
	桐城玉雕文化产业园景区	3A		野鸡湾生态园	3A
	桐城市永椿生态园景区	3A		潜山县望虎园林景区	3A
	桐城市烈士陵园	2A		潜山县官庄镇德馨庄	3A
	桐城市披雪瀑景区	2A		潜山查冲生态农业观光区	3A
太湖县	太湖县花亭湖景区	4A		潜山县九曲河漂流景区	3A
	太湖五千年文博园景区	4A		潜山中联(天柱山)露营地	3A
	罗河谷景区	3A		薛家岗遗址公园	3A
	海会寺景区	2A	望江县	望江双桃生态农业休闲山庄	3A
	太湖县龙潭寨景区	2A		望江县雷池湿地度假小镇	3A
	太湖县三千寨景区	2A		望江县香茗山景区	2A

本书研究的核心是旅游对地区经济的扶贫效率,而贫困大部分存在于农村地区,因此选择了农村居民人均收入和人均 GDP 为产出指标。

本节以安庆市的 8 个县(市)作为 DMU,书中原始数据来源于《安徽省统计年鉴》《安庆市统计年鉴》及安庆各县(市)统计公报及政府工作报告。并且为了消除价格波动的影响,保证可比性,笔者对不同年份的收入数据用 CPI 进行了不变价处理。

3.1.2 实证分析

1. 效率分析

通过 DEAP 软件计算,安庆市 8 个县(市)2011—2017 年的旅游扶贫效率见表 3.2。

表 3.2 2011—2017 年安庆市 8 个县(市)旅游扶贫效率

县(市)	2011 年	2012 年	2013 年	2014 年	2015 年	2016 年	2017 年	均值
安庆市	0.132	0.126	0.106	0.26	0.232	0.224	0.219	0.186
怀宁县	0.826	1	1	1	1	1	1	0.975
桐城市	1	1	1	0.902	0.709	0.72	0.606	0.848
太湖县	0.298	0.418	0.484	0.658	0.736	0.826	0.762	0.597
岳西县	0.5	0.56	0.228	0.243	0.236	0.232	0.239	0.32
宿松县	0.489	0.628	0.72	0.739	0.934	0.717	0.698	0.704
潜山市	0.393	0.519	0.261	0.317	0.324	0.345	0.301	0.351
望江县	0.507	0.653	0.475	0.853	0.861	0.873	0.896	0.731
均值	0.518	0.613	0.543	0.622	0.629	0.617	0.59	0.59

从整体来看,2011—2017 年,安庆市的旅游扶贫效率不高,均值仅为 0.59。怀宁县除 2011 年之外,其他各年都处于扶贫有效状态;桐城市在 2011—2013 年也处于有效状态。旅游扶贫效率的平均水平高于地区均值 0.59 的县(市)有怀宁县、桐城市、太湖县、宿松县、望江县,分别为 0.975、0.848、0.597、0.704 和 0.731,表明这些县(市)的经济发展中旅游业有较大的贡献,旅游扶贫效果相对明显。扶贫效率低于平均值的有安庆市、岳西县和潜山市,分别为 0.186、0.32、0.351,说明这 3 个县(市)近年来的旅游扶贫效果不太理想。

2. 时间演进分析

(1) MI 法

利用安庆市 2011—2017 年的原始数据,采用 MI 法,运用 DEAP 软件计算出了 2011—2017 年安庆市 8 个县(市)的旅游扶贫效率变化,具体见表 3.3。

表 3.3　2012—2017 年安庆市 8 个县(市)旅游扶贫效率变化

县(市)	2012 年	2013 年	2014 年	2015 年	2016 年	2017 年	均值
安庆市	0.726	1.243	1.186	0.825	0.897	0.95	0.971
怀宁县	0.933	0.888	0.929	0.947	0.95	0.964	0.935
桐城市	0.724	2.377	0.281	0.729	0.96	0.824	0.983
太湖县	1.02	0.916	1.275	1.087	1.087	0.884	1.045
岳西县	0.816	0.347	0.902	0.94	0.934	0.972	0.819
宿松县	0.933	0.972	0.964	1.201	0.734	0.939	0.957
潜山市	0.961	0.476	0.753	0.944	0.993	0.844	0.829
望江县	1.006	1.005	1.092	0.974	0.966	0.967	1.002
均值	0.89	1.028	0.923	0.956	0.94	0.918	0.942

从总体分析发现,安庆市 2012—2017 年 8 个县(市)之间旅游扶贫效率变化差异显著,整体 MI 均值为 0.942,旅游扶贫效率呈下降趋势。由表 3.3 可知,太湖县、望江县的 MI 均值大于 1,分别为 1.045、1.002,说明这 2 个县的旅游扶贫效率呈上升趋势。从年份上分析,仅有 2013 年的 MI 均值为 1.028,大于 1,表明 2013 年旅游扶贫效率呈递增态势。

就各地区来说,安庆市 8 个县(市)的旅游扶贫效率在 2012—2017 年这 6 年内呈现的趋势各异。将 2017 年的旅游扶贫效率变化值与 2012 年进行对比,安庆市、桐城市和岳西县大体呈增长趋势;太湖县、潜山市和望江县呈下降趋势;怀宁县和宿松县的效率变化差值很小,基本保持平稳变化趋势。6 年内旅游扶贫效率变化较明显的有:安庆市的 MI 值由 0.726 增加到 0.95,岳西县的 MI 值由 0.816 增加到 0.972,太湖县的 MI 值由 1.02 下降到 0.884。变化波动较大的是安庆市、桐城市、岳西县和潜山市。安庆市的 MI 值由 2012 年 0.726 上升到 2013 年的 1.243,到 2015 年下降为 0.825,2017 年又上升为 0.95;桐城市的 MI 值由 2012 年 0.724 上升到 2013 年的 2.377,到 2014 年猛降为 0.281,2017 年又上升为 0.824;岳西县的 MI 值由 2012 年的 0.816 下降为 2013 年的 0.347,到 2014 年又上升为 0.902;潜山市的 MI 值由 2012 年的 0.961 下降为 2013 年的 0.476,到 2015 年上升为 0.944,2017 年又下降为 0.844。

地区原有经济发展规模、地区旅游业发展状况、经济增长速度、地区产业结构现状、各级政府服务管理水平、当地配套基础设施的建设情况等是影响旅游扶贫效率变化的主要因素。影响不同县(市)MI值变化的因素各不相同,呈现上升趋势的可以划分为2类:一类是地区经济发展较好,旅游产业比重相对较高的较发达地区。该类地区产业结构比较合理,旅游产业发展基础较好,加上积极学习旅游发达地区的经验,大力引进新技术、开发新的旅游产品,拉动地方经济增长,促推贫困人口脱贫,从而保证其旅游扶贫效率呈增长趋势,如安庆市。另一类是经济基础较薄弱但旅游资源较为丰富的地区。该类地区由于有比较丰富的旅游资源,政府积极转变发展思路进行产业结构调整,重视旅游扶贫并给予政策支持,通过引进先进的技术和方法来缩短探索过程和时间,使旅游扶贫效率呈增长趋势,如岳西县。

旅游扶贫效率下降的地区也有2种情况:一种情况是由于该地区旅游资源较少、旅游产业规模小,再加上政府发展旅游业不积极、旅游发展的资金投入不足等原因导致的扶贫效率降低,如望江县。另一种情况是由于该地区旅游业发展比较成熟,也有知名度较高的景区,但发展后劲不足且没有进行积极的创新,从而导致旅游扶贫效率降低,如潜山市。

效率变化平稳的县(市)主要是该地区旅游资源有限,已有的旅游资源已进行开发,旅游产业发展进入瓶颈期,从产出角度来说效益在下降,需要进行经营模式的创新并开发新的旅游产品,旅游产业发展处于转变期,故旅游扶贫效率变化波动相对平稳,如怀宁县和宿松县。

(2) 效率形态类别

本节采用DEA法测算了安庆市8个县(市)旅游扶贫效率及效率变化,因此可以以扶贫效率和效率变化为横、纵坐标绘制散点图,以效率0.6为旅游扶贫效率大小的临界值,以MI=1作为旅游扶贫效率变化的临界值,将图形分为4个区间,处在不同区间县(市)的旅游扶贫效率状态分为落后型(Ⅰ型)、发展型(Ⅱ型)、成熟型(Ⅲ型)和衰退型(Ⅳ型)4种类型。图3.2显示了各县(市)的旅游扶贫效率形态分类。

① 落后型(Ⅰ型)。安庆市、岳西县和潜山市在该区间,其2项指标的平均值都低于临界值,3个县(市)的旅游扶贫效率都较低,且潜山市旅游扶贫效率呈下降趋势。分析原因,主要是由于这些地区原有比较丰富的旅游资源,大多资源已经开发利用,旅游产业相对比较成熟,没有较多的旅游新产品出现,经营模式也没有更好的创新,旅游扶贫效率较低,旅游发展进入瓶颈期。

② 发展型(Ⅱ型)。该区间所属地区的旅游扶贫效率不高,但效率变化保持增长趋势,如图3.2中的太湖县(0.597,1.045)。太湖县本身拥有一定的旅游资源,近年来在当地政府和各级旅游部门的支持下,积极利用现有资源大力发

展旅游业,打造了2个4A景区、1个3A景区和3个2A景区,旅游产业发展具备一定规模,采取多种旅游营销手段,能充分利用新媒体对当地旅游项目进行多角度、全方位的宣传,并紧抓旅游服务质量,以较好的口碑吸引大批游客,旅游产业保持较好的发展趋势,对当地经济的拉动作用也越来越大。

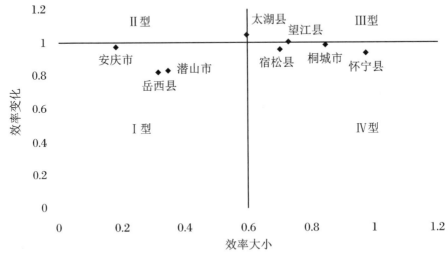

图 3.2　安庆市各县(市)旅游扶贫效率形态分类

③ 成熟型(Ⅲ型)。处于该区间地区的2项指标的平均值均高于临界值,旅游扶贫效率较高且具备上升趋势。如图3.2中的望江县(0.731,1.002)。该地区近年来经济逐步提升,有一定的旅游产业基础,各景区及时应用新技术,注重旅游服务质量的提高,地方政府重视旅游扶贫脱贫,使得旅游扶贫效率较高。

④ 衰退型(Ⅳ型)。处于该区间地区的扶贫效率指标值高于临界值,但是效率变化均值低于1。如图3.2中的桐城市(0.848,0.983)、宿松县(0.704,0.957)和怀宁县(0.975,0.935)。这些地区有的旅游资源开发后续乏力,需要创新开发模式,培育新的旅游经济增长点来提升旅游扶贫效率。有的地区基础设施相对落后,资源配置不够合理,导致旅游扶贫效率不高。

(3) 演进模式分析

基于对安庆市2011—2017年8个县(市)旅游扶贫效率及效率变化的分析,根据效率状态随时间的变化编制出安庆市8个县(市)旅游扶贫效率演进模式表,将演进模式分为稳定式、渐进式和反复式3类,具体见表3.4。

表 3.4　2012—2017 年旅游扶贫效率演进模式

县(市)	所属区间						模式
	2012 年	2013 年	2014 年	2015 年	2016 年	2017 年	
安庆市	Ⅰ	Ⅱ	Ⅱ	Ⅰ	Ⅰ	Ⅰ	反复
怀宁县	Ⅳ	Ⅳ	Ⅳ	Ⅳ	Ⅳ	Ⅳ	稳定
桐城市	Ⅳ	Ⅲ	Ⅳ	Ⅳ	Ⅳ	Ⅳ	渐进
太湖县	Ⅱ	Ⅰ	Ⅲ	Ⅲ	Ⅲ	Ⅳ	渐进
岳西县	Ⅰ	Ⅰ	Ⅰ	Ⅰ	Ⅰ	Ⅰ	稳定
宿松县	Ⅳ	Ⅳ	Ⅳ	Ⅲ	Ⅳ	Ⅳ	反复
潜山市	Ⅰ	Ⅰ	Ⅰ	Ⅰ	Ⅰ	Ⅰ	稳定
望江县	Ⅲ	Ⅱ	Ⅲ	Ⅳ	Ⅳ	Ⅳ	渐进

① 稳定式。此类地区旅游扶贫的效率高低与效率变化的趋势基本保持在某一固定的区间内,没有明显变动。8 个县(市)中怀宁县、岳西县和潜山市符合这一演进模式特征。其中,岳西县和潜山市 2012—2017 年都属于Ⅰ型,旅游扶贫效率和效率变化均低于平均值,处于低效率状态。主要原因是这 2 个地区旅游开发较早,缺乏新的旅游发展增长点,并且相应的基础配套设施建设不够完善,旅游服务质量不高,导致旅游扶贫效率长期处于低水平状态。怀宁县一直属于Ⅳ型,旅游扶贫效率高于临界值,但效率变化低于 1。究其原因主要是怀宁县旅游资源贫乏,旅游产业发展空间有限,虽然地区政府积极推进旅游扶贫,扶贫效率较高,但效率变化不明显。

② 渐进式。此类地区旅游扶贫的效率高低与效率变化的趋势具有一定的规律,大体按顺时针方向在区间内波动。8 个县(市)中符合这一演进模式特征的有桐城市、太湖县和望江县。这些地区基本都由Ⅱ型向Ⅲ型和Ⅳ型渐进,其中桐城市和太湖县由于旅游资源较丰富,旅游扶贫效率起步较高,望江县旅游资源相对匮乏,但是也有一种向上的增长趋势。这些地区后期还应积极进行产业结构调整,合理发展旅游业,改善基础设施,提高旅游服务水平等,以旅游发展带动当地贫困人口脱贫,促进旅游扶贫效率稳步提高。

③ 反复式。此类地区旅游扶贫的效率高低与效率变化中有一个基本不发生变化,另一个在相邻 2 个区间内来回震荡。安庆市和宿松县符合这一演进模式特征,安庆市主要在Ⅰ型、Ⅱ型内震荡,宿松县主要在Ⅲ型、Ⅳ型内震荡。宿松县的旅游扶贫效率较高,但由于受到一些地区产业结构调整及其他客观因素的影响,导致其旅游扶贫效率在不同的年份发生变化与波动。

3. 空间分异分析

(1) 扶贫效益的空间分异

随着国家精准扶贫政策的提出,旅游精准扶贫成为精准扶贫的一条重要路径。安庆市比较丰富的旅游资源为当地发展旅游业,带动周边贫困村、贫困户脱贫致富提供了良好的基础。近年来,安庆市经济发展较快,经济效益比较明显。2011—2017 年,安庆市各县(市)的农村居民人均收入与人均 GDP 呈现出不同幅度的变化。人均 GDP 进步最大的是宿松县,呈现跨越式发展;第二是安庆市、桐城市和太湖县,进步明显;第三是怀宁县、岳西县、潜山市和望江县,人均 GDP 进步较大。分析人均 GDP 变化分类的结果可以发现,并不是拥有较多旅游资源或拥有级别较高景点的地区人均 GDP 的变化就明显,关键要看旅游再开发的力度以及是否有新的旅游产品及增长点。从农村居民的人均收入来看,进步在第一梯队的是岳西县、太湖县和潜山市;在第二梯队的是安庆市、望江县和宿松县;在第三梯队的是怀宁县和桐城市。从这个变化来看,拥有比较丰富的旅游资源及旅游产业发展较好的地区在带动贫困人口脱贫、促进农村居民收入提高等方面贡献较大。

(2) 扶贫效率的空间分异

上述扶贫效益的比较是从产出角度进行分析的,下面将从投入产出的视角分析旅游扶贫效率,考查旅游业对经济发展的带动作用,并与上文从产出角度分析的扶贫效益进行比较。安庆市各县(市)之间的旅游扶贫效率分布相当不均。怀宁县和望江县的综合扶贫效率在 2011 年与 2017 年均排在前列。从分解效率来看,在技术效率方面,2011 年位于前列的是怀宁县、桐城市、岳西县、宿松县和望江县,2017 年位于前列的是怀宁县、桐城市、太湖县、宿松县和望江县。在规模效率方面,2011 年安庆市、怀宁县、桐城市和潜山市的规模效率排名靠前,2017 年规模效率排名靠前的则是怀宁县、岳西县、宿松县、潜山市和望江县,并且后 4 个县(市)与 2011 年相比规模效率有较大进步。与上文扶贫效益的结果进行对比可知,经济水平进步较快的县(市)扶贫效率不一定高,如人均 GDP 进步最大的宿松县。而人均 GDP 进步较慢的县(市)旅游综合扶贫效率也可能较高,如怀宁县和望江县的人均 GDP 增加较慢,位于较低层次,但其旅游扶贫效率却始终处在较高的水平。这说明某些县(市)经济效益进步明显是地区总体产业结构调整、资源合理配置的结果,而旅游业并不是其经济增长的主要动力,如安庆市。相反,有些地区虽然总体经济效益增长不快,但旅游规模效率较高,这说明旅游业在当地经济发展中的作用很大,如潜山市与岳西县,当地农村居民脱贫致富的主要路径之一就是旅游产业的带动。

3.1.3 结论与对策

1. 结论

本节构建了投入产出指标体系,运用 DEA 法及 MI 法分别对安庆市 2011—2017 年各县(市)的旅游扶贫效率和旅游扶贫效率变化情况进行了测算,数据结果总结如下:

① 2011—2017 年,安庆市的旅游扶贫效率不高,总体均值为 0.59,各县(市)之间差异较大。DEA-MI 数据显示,安庆市 2012—2017 年 8 个县(市)之间旅游扶贫效率变化差异显著,整体 MI 均值为 0.942,旅游扶贫效率呈下降趋势。其中,太湖县、望江县的 MI 均值大于 1,说明这 2 个县的旅游扶贫效率呈现上升趋势。

② 以安庆市各县(市)的旅游扶贫效率和效率变化为依据,将 8 个县(市)划分为 4 种不同的类型,即落后型、发展型、成熟型和衰退型。根据效率状态随时间的变化编制出安庆市 8 个县(市)的旅游扶贫效率演进模式表,将演进模式分为稳定式(怀宁县、岳西县、潜山市)、渐进式(桐城市、太湖县、望江县)和反复式(安庆市、宿松县)3 类。

③ 分别从产出的扶贫效益角度和投入产出的扶贫效率角度对安庆市 2011—2017 年的旅游扶贫效率进行研究。在扶贫效益方面,2011—2017 年安庆市各县(市)的农村居民人均收入与人均 GDP 呈现出不同增长幅度的变化。在扶贫效率方面,安庆市各县(市)之间的旅游扶贫效率分布相当不均。这 2 种角度的分析也体现出一种结论,即经济水平进步较快的县(市)扶贫效率不一定高,而人均 GDP 进步较慢的县(市)旅游综合扶贫也可能有效。

2. 对策

为提高安庆市各县(市)的旅游精准扶贫效率,以旅游业促推当地经济发展,带动周边贫困村、贫困户脱贫致富,提出以下对策建议:

(1) 调整产业结构,促进旅游产业发展

由于经济基础不同与旅游资源拥有量的差异,安庆市各县(市)的旅游产业发展有较大差别。某些地区产业结构相对单一,旅游产出效益较低,对当地经济的拉动作用不强,如望江县。在新的经济发展背景下,应积极调整产业结构,充分利用地区的各种已有资源,并通过学习与引进等方式提高生产技术,进行资源合理配置,形成各产业协调发展、彼此促进的经济格局。各地在调整产业结构时应充分考虑旅游产业对其他产业的带动效应强、能拉长产业链及创造经济效益快的特征,积极促进旅游产业的发展,并通过旅游项目、景区建设等进行旅游精准扶贫。

(2) 整合旅游资源，实行旅游扶贫"三精准"

安庆市应充分挖掘各地的旅游资源潜力，合理整合旅游资源。对于旅游资源丰富且旅游业发展有一定规模的县(市)，要优化旅游产品，提升景区级别，加强基础设施建设，提高旅游服务水平，寻找新的旅游发展增长点，延伸旅游产业链，如安庆市、潜山市、桐城市、太湖县和岳西县；对于旅游资源相对较少且旅游产业规模不高的县(市)，应对原有资源进行整合，进行再开发与升级，并积极向旅游产业发展好的相似地区学习，引进好的发展理念，开发新的旅游项目与产品，地方政府可出台促推旅游发展的倾斜政策，引导民间资本进入旅游产业，推动旅游业的进一步发展，如怀宁县、宿松县与望江县。各个地区在整合旅游资源、推动旅游产业发展的同时，应遵循精准识别、精准帮扶、精准管理的"三精准"原则，带动周边贫困村、贫困户参与到旅游项目、旅游景点的开发和建设及旅游产业链的各个环节中，切实提高旅游精准扶贫效率。

(3) 采取差别化扶贫路径，提升旅游精准扶贫效果

安庆市各县(市)的经济基础不同，旅游产业发展水平也高低不一。应根据各地的具体情况选择合适的旅游精准扶贫路径。对于旅游产业发展较好的县(市)可采用"三产融合产业链延伸式"路径：合理配置旅游资源，重构地区产业链结构和体系，在"三产"中不断延伸产业链，丰富产业链内容，将贫困村、贫困户纳入产业链的不同部分进行精准扶贫，如可参与基础设施建设、餐饮、住宿、旅游纪念品生产等各个方面。潜山市及岳西县可采取该种旅游精准扶贫路径。对于具备较好经济基础及拥有文化资源的县(市)可采用"三创驱动式"路径：将旅游扶贫与国家鼓励创新创业趋势相结合，借助旅游扶贫积极培育创新创业主体，尤其注重对具备条件的贫困农民创业主体的培育，以旅游产业创新创业基地驱动旅游产业发展，带动贫困村、贫困户减贫脱贫。同时还鼓励"旅游发展+文化创意"，带动贫困村及贫困户参与，实现脱贫及个人发展的模式。安庆市及桐城市可采取该种旅游精准扶贫路径，还可选择"互联网+"智慧旅游发展式路径：依托互联网平台资源，搭建智慧旅游平台，开展旅游营销推广，不断提升当地旅游品牌的知名度和影响力。并利用旅游智慧平台对地方贫困人口进行动态化管理，及时了解他们的需求以进行精准扶贫。总之，采用差别化扶贫路径可提高旅游精准扶贫效率，巩固旅游精准扶贫效果，实现旅游扶贫致富。

3.2 基于 DEA-MI 的皖北旅游精准扶贫效率评价研究

旅游精准扶贫在促进地区旅游产业结构调整、为周边贫困人口提供就业机会、改善周边环境质量、增强地区经济实力、实现区域经济可持续发展等方面具有巨大的作用,是精准扶贫的重要路径之一,得到了旅游学界、旅游业界的认可。近几年,学术界在旅游精准扶贫方面开展了各种研究,研究内容主要集中在旅游精准扶贫的概念[13]、旅游精准扶贫的运行机制、旅游精准扶贫效应、旅游精准扶贫存在的问题及对策等方面。基于投入产出关系的旅游扶贫效率是反映旅游扶贫地区发展效果的重要指标,主要包括旅游业要素效率及旅游业发展效率[14-15]两个方面。在效率评价方法方面,主要使用 DEA 法测算效率,并用 MI 模型研究效率的变化情况。

从目前的研究来看,大多数旅游扶贫效率研究集中于革命老区、少数民族有旅游资源的贫困地区[16]等,对开展了旅游精准扶贫的平原地区的扶贫效率研究较少,尤其针对像安徽省这样具备较丰富旅游资源地区的旅游精准扶贫效率的实证研究相对不足。

近年来,安徽省旅游发展部门积极贯彻落实中央和省里关于精准脱贫、精准扶贫的决策,在全省 16 个市、66 个县的 333 个村开展了旅游精准扶贫,为扶贫攻坚工作作出了贡献。其中,皖北地区具有比较丰富的旅游资源,旅游扶贫在各个县的开展取得了一定的成效。因此,选择该地区的 8 个县为样本,从定量角度分析旅游精准扶贫效率具有重要的现实意义,可以为各地区后期的旅游精准扶贫开展提供有益的参考和建议。

3.2.1 研究方法、研究对象和指标选取

1. 研究方法

本节的研究方法主要为 DEA 法和 MI 法。

(1) DEA 法

DEA 法最具代表性的模型包含 CCR 和 BCC 2 种,其中 CCR 模型评价综合效率,BCC 模型将 CCR 模型中的综合效率分解为纯技术效率(PTE)和规模效率(SE),包含投入导向型和产出导向型 2 种。

根据 DEA 法,将皖北地区的 8 个县作为评价决策单元(DMU),利用模型进行定量分析,从而评价各地区的旅游精准扶贫效率。X_j 和 Y_j 分别表示第 j 个区域的投入和产出变量,则 CCR 表达式为

$$\begin{cases} \min[\theta - \varepsilon(e^{-t}s^- + e^{+t}s^+)] \\ \text{s.t.} \sum_{j=1}^{n} X_j \lambda_j + s^- = \theta X_0 \\ \quad\quad \sum_{j=1}^{n} Y_j \lambda_j + s^+ = Y_0 \\ \quad\quad \lambda_j \geqslant 0, \quad j = 1, 2, \cdots, n; \quad s^+ \geqslant 0; \quad s^- \geqslant 0 \end{cases}$$

式中,$\min \theta$ 为目标函数;s.t. 为限制性条件;λ_j 为决策变量;X_0 和 Y_0 分别为决策单元的原始投入和产出值。若在式中加入约束条件 $\sum \lambda_j = 1$,则可得到 BCC 模型。

若某一决策单元相对于其他 DMU 没有投入过多而造成资源浪费,则表明该决策单元指标状态相对最合理,资源配置效率优,DEA 有效。

(2) MI 法

利用 MI[17] 法可对各 DMU 进行跨期效率变化分析。2013—2018 年皖北地区各县旅游扶贫效率的变化情况将用 MI 进行测度。MI 公式为

$$\text{MI}_{t+1} = \left[\frac{D^{t+1}(x^{t+1}, y^{t+2})}{D^{t+1}(x^t, y^t)} \times \frac{D^t(x^{t+2}, y^{t+1})}{D^t(x^t, y^t)} \right]^{\frac{1}{2}}$$

式中,$D^t(x^{t+1}, y^{t+1})$ 表示 $t+1$ 期的 DMU 与 t 期生产前沿之间的距离,即以 t 期 DMU 的生产前沿面来衡量 $t+1$ 期 DMU 的效率。如果 MI>1,表示 $t+1$ 期的效率相比 t 期提高了;如果 MI=1,表示 $t+1$ 期的效率跟 t 期相同;如果 MI<1,表示 $t+1$ 期的效率相比 t 期降低了。

2. 研究对象

本节选取安徽省皖北地区的 8 个县作为研究对象,这 8 个县的旅游资源较丰富,虽然各县的旅游发展水平有一定差异,但各县均拥有 2A 及以上等级的旅游景区,旅游总收入在各县 GDP 中占有一定的比重。其中,灵璧县、萧县、寿县、蒙城县、涡阳县、颍上县、怀远县均有 4A 景区,固镇县也有 3 个 3A 景区,景区类型还是比较多样化的。皖北地区各县代表性旅游景区具体分布见表 3.5。

3. 指标选取与数据来源

旅游扶贫效率测度的准确性与投入产出的指标选取密切相关,指标的选取要兼顾旅游资源开发与综合经济效益。通过对已有文献进行分析,并遵循准确性、科学性、可操作性等指标遴选的原则,选择旅游综合收入和游客接待人数为投入指标,旅游综合收入可反映区域旅游业发展的经济成果,游客接待人数可大致体现当地旅游的吸引力及对相关产业的带动效应。旅游扶贫效率评估的核心是旅游产业对地区经济的带动效应,所以产出指标选择了人均 GDP 和农村居民人均收入。

表 3.5 皖北地区各县代表性旅游景区分布

地区	旅游景区	A级	地区	旅游景区	A级
灵璧县	灵璧奇石文化园	4A	蒙城县	恋蝶谷景区	3A
	灵璧现代农业博览园	4A		蒙城庄子祠	3A
	灵璧虞姬文化园	3A		马公府景区	2A
	灵璧钟馗酒文化博物馆	3A		蒙城万佛塔景区	2A
	灵璧县天一园景区	3A		文庙景区	2A
萧县	萧县皇藏峪国家森林公园	4A	涡阳县	涡阳天静宫景区	4A
	萧县饮马泉山庄	3A		涡阳县曹市镇辉山红色景区	3A
	萧县蔡洼淮海战役红色旅游景区	3A		义门古镇景区	3A
寿县	寿县古城暨八公山风景区	4A		涡阳高炉家·徽酒集团	3A
	寿春楚文化博物馆	4A		涡阳县新四军四师纪念馆	3A
	正阳关玄帝庙公园	3A		涡阳县颐生园度假村旅游区	3A
	孙叔敖纪念馆	3A		张乐行故居	2A
	孙氏宗祠(孙家鼐纪念馆)	3A		老子博物馆	2A
	寿州孔庙	3A		涡阳县兴华农业综合示范园	2A
	清真寺	3A		源和堂药业	2A
	报恩寺	3A	颍上县	八里河旅游区	5A
	安徽省第一面党旗纪念园	3A		迪沟旅游区	4A
	豆腐主题文化园	3A		阜阳生态乐园	4A
	寿县八公山豆腐文化陈列馆	3A		尤家花园·五里湖湿地旅游区	4A
	恒大阳光半岛景区	3A		小张庄旅游区	3A
	方振武故居	2A		管仲酒业工业旅游区	3A
	方振武烈士陵园	2A		淮罗庄台生态旅游风景区	3A
	寿县隐贤泰山古庵	2A		望和多彩原浆啤酒有限公司景区	3A
	寿县隐贤老街	2A	怀远县	蚌埠市禾泉农庄景区	4A
	寿县珍珠泉	2A		白乳泉风景区	3A
	寿县淮南王墓	2A		龙亢农场	3A
	寿县正阳关老街	2A		怀远四方湖景区	3A
蒙城县	蒙城博物馆	4A	固镇县	香雪度假村	3A
	板桥集战斗纪念馆	3A		许慎文化公园	3A
	竹海湾旅游度假村	3A		蚌埠市垓下古战场景区	3A
	蒙城县泽漆园·健身休闲氧吧	3A		蚌埠市淮北西大门烈士陵园	2A
	芡河现代农业示范园	3A			

本节以皖北地区的 8 个县作为 DMU,从《安徽省统计年鉴》《皖北各市统计年鉴》和各县国民经济及社会发展统计公报获得原始数据。为保证可比性,用 CPI 对不同年份的收入数据进行了不变价处理,以消除价格波动产生的影响。

3.2.2 实证分析

1. 效率分析

将相关数据输入 DEAP 软件,运算得出皖北地区 8 个县 2013—2018 年的旅游扶贫效率,结果见表 3.6。

表 3.6 2013—2018 年皖北地区各县旅游扶贫效率

县	2013 年	2014 年	2015 年	2016 年	2017 年	2018 年	均值
灵璧县	0.705	0.804	0.645	0.86	0.651	0.642	0.718
萧县	1	0.842	0.767	1	0.925	0.883	0.903
寿县	0.332	1	0.431	0.44	0.784	0.58	0.595
蒙城县	0.443	0.666	0.684	0.593	0.758	0.681	0.638
涡阳县	0.429	1	1	1	0.909	0.873	0.869
颍上县	0.401	0.509	0.595	0.484	0.594	0.427	0.502
怀远县	0.603	0.766	0.899	0.85	1	0.993	0.852
固镇县	0.592	0.58	0.686	0.427	1	1	0.714
均值	0.563	0.771	0.713	0.707	0.828	0.76	0.724

从表 3.6 中的结果可以看出,皖北地区的 8 个县在 2013—2018 年的旅游扶贫效率均值为 0.724,平均水平不高。除了灵璧县、蒙城县和颍上县之外,其余 5 个县在过去 6 年中都出现过扶贫有效状态。其中,涡阳县 2014—2016 年 3 年都处于扶贫有效状态。萧县、涡阳县、怀远县的旅游扶贫效率均值分别为 0.903、0.869、0.852,高于整体均值 0.724,表明这几个县的旅游扶贫相对有效,旅游对当地经济发展有较大贡献。灵璧县和固镇县的旅游扶贫效率均值分别为 0.718 和 0.714,接近 8 个县的平均值。而旅游资源相对丰富且有较高知名度景区的寿县和颍上县的旅游扶贫效率均值分别为 0.595 和 0.502,低于 8 个县的平均值,这说明虽然寿县和颍上县的旅游资源丰富,旅游产业基础较好,但旅游扶贫效率不一定高,还是要看旅游资源的后续开发情况及扶贫具体措施的适用性。

2. 时间演进分析

(1)MI 分析

利用皖北地区 2013—2018 年的原始数据,采用 MI 法,计算得出 2014—

2018 年皖北地区 8 个县的旅游扶贫效率变化,具体结果见表 3.7。

表 3.7　2014—2018 年皖北地区各县旅游扶贫效率变化

县	2014 年	2015 年	2016 年	2017 年	2018 年	均值
灵璧县	0.87	0.72	1.33	0.524	1.023	0.893
萧县	0.707	0.802	3.695	0.305	0.991	1.3
寿县	2.709	0.359	1.017	1.235	0.767	1.217
蒙城县	1.114	0.916	0.904	0.888	0.933	0.951
涡阳县	2.17	0.888	1	0.623	0.997	1.136
颍上县	1.132	1.048	0.813	0.849	0.745	0.917
怀远县	1.047	1.045	0.991	0.838	0.977	0.98
固镇县	0.952	1.041	0.917	1.661	1.066	1.127
均值	1.338	0.852	1.333	0.865	0.937	1.065

从时间上来看,2014—2018 年皖北地区 8 个县的旅游扶贫效率不断变化,各县之间旅游扶贫效率变化差异显著,MI 均值为 1.065,旅游扶贫效率总体呈上升趋势。萧县、寿县、涡阳县和固镇县的 MI 均值分别为 1.3、1.217、1.136、1.127,表明这 4 个县 2014—2018 年的旅游扶贫效率呈上升趋势。而从年份来看,8 个县的 MI 均值在 2014 年与 2016 年分别为 1.338、1.333,2017 年、2018 年的 MI 均值小于 1,表明近 2 年旅游扶贫效率有下降趋势。

从各个县的变化来看,皖北地区的 8 个县在 2014—2018 年旅游扶贫效率的变化趋势各异。其中,灵璧县、萧县、固镇县 3 个县 2018 年的 MI 值均高于 2014 年,其旅游扶贫效率虽有波动,但基本呈上升趋势;其余各县 2018 年与 2014 年相比呈下降趋势,但各县每年的变化差异较大,如寿县的 MI 均值由 2014 年的 2.709 一下子降到 2015 年的 0.359,2016 年又上升到 1.017,2017 年上升为 1.235,2018 年下降为 0.767,整体波动非常大,萧县的旅游扶贫效率变化也比较明显,颍上县的变化相对平缓,但基本呈下降趋势。

通过分析发现,影响旅游扶贫效率变化的主要因素有各地区原有的经济基础、产业结构的调整状况、近年来的总体经济增长速度、旅游资源及旅游产业发展水平、当地基础设施的配套情况、政府在旅游发展上的支持力度等。影响皖北各县 MI 均值变化的因素各不相同,MI 均值呈现上升趋势的有 2 种情况:一种是本地有比较丰富的旅游资源,而且旅游产业本身发展得比较好,在旅游扶贫政策的积极推动下,充分发挥资源优势,积极完善基础设施、提高服务水平、虚心借鉴旅游发达地区好的经验,大力发展智慧旅游,开发新的旅游产品。如灵璧县和萧县,本来就有 4A 景区,有一定的知名度,再加上旅游精准扶贫政策的推动,其旅游产业在促进地方经济增长方面的作用不断增大,并且带动景区周边贫困人口脱贫,使旅游扶贫效率呈增长趋势。另一种是经济基础较好但旅游资源较少、旅游产业规模不大的地区。这类地区因为经济基础较好,虽然当地的旅游资源不丰富,但积极响应国家政策进行产业结构调整,地方政府重视旅游扶贫并给予政策支持,挖掘旅游产业发展潜力,尽可能带动贫困人口就业,使旅游扶贫效率呈增长趋势,如固镇县。

MI 均值呈现下降趋势的也有 2 种情况:一种是本身旅游资源比较丰富,旅游产业发展较好,有知名度较高的景区,其周边贫困人口相对较少,而贫困地区旅游开发不足,因此旅游扶贫的带动作用不强,旅游扶贫效率相对较低,如寿县和颍上县。另一种是该地区有一定的旅游资源,但后续开发没有跟上,总体旅游产业规模较小,旅游产业发展进入瓶颈期,没有及时进行旅游发展模式创新导致发展后劲不足,从而扶贫效率降低,如蒙城县、涡阳县与怀远县。这些地区需进行旅游产业发展升级,进行资源整合,开发新的旅游产品,带动周边贫困地区发展,提高旅游扶贫效率。

(2) 效率形态类别

前面采用 DEA 法从旅游扶贫综合效率和 MI 效率变化 2 个维度来对皖北地区 8 个县的旅游扶贫效率进行了评价。接下来绘制散点图,以旅游综合扶贫效率值为横轴、MI 效率变化值为纵轴,旅游扶贫效率大小的临界值为 0.7,MI 的临界值为 1。绘制出的散点图分为 4 个区间,各县处在不同的区间中,据此,将 8 个县划分为 4 种类型:落后型(Ⅰ型)、发展型(Ⅱ型)、黄金型(Ⅲ型)和潜力型(Ⅳ型)。具体如图 3.3 所示。

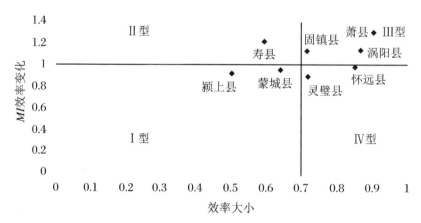

图 3.3　皖北地区各县旅游扶贫效率形态分类

① 落后型(Ⅰ型)。旅游扶贫效率和 MI 均值双低的地区属于落后型地区,处于图 3.3 中的Ⅰ型区间,包括颍上县与蒙城县。其中颍上县有 5A 景区——八里河旅游区,还有 3 个 4A 景区,旅游基础很好,周边旅游资源开发得比较充

分,地方的主要精力放在这些成熟景区的完善和管理上,但这些景区并未完全辐射到贫困乡镇,因此旅游扶贫效率较低。蒙城县的旅游基础也不错,但近几年未推出带动性较好的旅游项目,旅游新产品不多,在经营模式上未进行积极的创新,旅游发展进入瓶颈期,旅游扶贫效率相对较低。

② 发展型(Ⅱ型)。处在该型的地区,虽然旅游扶贫效率较低,但效率变化率较高,即有较好的增长趋势,如寿县(0.595,1.215)。寿县本身旅游资源丰富,旅游基础好,2A以上景区有18个,其中4A景区有2个,知名度也比较高,旅游产业对当地经济的贡献度较好,虽然旅游综合扶贫效率不高,但近年来地方政府积极响应旅游精准扶贫政策,充分发挥各景区的辐射及带动作用,帮助贫困乡镇及贫困家庭脱贫,扶贫效率变化虽有波动但整体呈增长趋势。后期应合理调整旅游产业结构,贯彻"全域旅游"和"大旅游"的思想,与周边县域加强整合与合作,提高旅游扶贫效率,带动当地经济更好地发展。

③ 黄金型(Ⅲ型)。黄金型地区的旅游扶贫综合效率与效率变化都较好,均高于临界值,这些地区不仅旅游扶贫工作比较好,而且效率程度也在不断增强,包括萧县、涡阳县和固镇县。其中萧县与涡阳县的旅游基础较好,都有4A景区,近年来积极响应国家和安徽旅游部门提出的旅游精准扶贫政策,在原有景区发展与完善的基础上,积极开发新的旅游产品,利用网络平台开展智慧旅游,在旅游发展的过程中,充分带动周边贫困乡镇发展,为贫困人口提供就业机会,旅游扶贫综合效率较高,并呈增长趋势。固镇县的情况比较特殊,该地区本身旅游资源不丰富,但地方政府重视旅游扶贫,发展了一些旅游项目,并积极借鉴旅游发达地区的管理经验及营销模式,改善基础设施,增强接待能力,旅游扶贫效率较高,旅游扶贫脱贫效果较好。

④ 潜力型(Ⅳ型)。处于潜力型地区的县,旅游综合扶贫效率高但MI均值低,而且基本都是从黄金型地区演变过来的,包括灵璧县和怀远县。这2个县的经济基础较好,人均收入在皖北地区处于中上游,旅游产业也有一定的发展,2个县均有4A景区,旅游总体竞争力较强,但这些地区旅游资源开发不足,产业发展后续乏力,缺少"全域旅游"发展的规划,对贫困乡镇的带动力不强,对扶贫脱贫的贡献能力有待加强。这部分地区后续应该增强旅游扶贫项目的开发,改善基础设施,提高服务水平,合理配置资源,以旅游推动当地经济更好地发展。

(3) 演进模式分析

根据皖北地区8个县2014—2018年旅游综合扶贫效率以及MI均值随时间变化的特点,编制了这8个县的旅游扶贫效率演进模式表,总结起来分为稳定式、渐进式和反复式3类演进模式,具体见表3.8。

表 3.8　皖北地区 8 个县 2014—2018 年旅游扶贫效率演进模式

县	年份及所属区间					模式
	2014 年	2015 年	2016 年	2017 年	2018 年	
灵璧县	Ⅳ	Ⅰ	Ⅲ	Ⅰ	Ⅱ	反复
萧县	Ⅳ	Ⅳ	Ⅲ	Ⅳ	Ⅳ	稳定
寿县	Ⅳ	Ⅰ	Ⅱ	Ⅲ	Ⅰ	渐进
蒙城县	Ⅱ	Ⅰ	Ⅰ	Ⅳ	Ⅰ	反复
涡阳县	Ⅲ	Ⅳ	Ⅳ	Ⅳ	Ⅳ	稳定
颖上县	Ⅱ	Ⅱ	Ⅰ	Ⅰ	Ⅰ	反复
怀远县	Ⅲ	Ⅲ	Ⅳ	Ⅳ	Ⅳ	渐进
固镇县	Ⅰ	Ⅱ	Ⅰ	Ⅲ	Ⅲ	反复

① 稳定式。从表 3.8 可以看出，萧县与涡阳县 2014—2018 年旅游综合扶贫效率与 MI 均值基本都属于Ⅲ型和Ⅳ型，其中萧县 2016 年属于Ⅲ型，其余年份都属于Ⅳ型，涡阳县除 2014 年属于Ⅲ型外，其余年份都属于Ⅳ型，这 2 个县的平均值属于Ⅲ型，经济基础与旅游产业发展较好，并且在地方政府的重视下，旅游产业发展持续性较好，旅游综合扶贫效率较高，MI 均值有一定的波动。该类地区后续可在维持旅游较好发展的基础上，完善基础设施建设，提高旅游服务质量，开发新的旅游项目，培养经济增长点，为周边贫困人口提供更多的就业机会与就业岗位，推动旅游精准扶贫再上新台阶。

② 渐进式。当旅游扶贫综合效率与 MI 均值变化呈现出一定的趋势时，则认为这些地区的旅游扶贫呈渐进式发展。寿县与怀远县基本均是这样的特征，但两县的渐进式变化又有很大的不同。对于寿县来说，其本身旅游基础较好，旅游产业前期就有较大的发展，早期扶贫效率变化不大，近几年随着扶贫力度的加大，贫困地区增加了旅游项目的开发，旅游扶贫效率呈上升趋势。怀远县自 2014 年来旅游综合扶贫效率均高于平均值，效率形态在区间内按顺时针方向波动，该地区利用自身资源，积极进行旅游项目和景区开发，并充分发挥其辐射带动作用，帮助贫困人口脱贫。这部分地区后续要优化旅游产业结构，发展智慧旅游，以旅游业促进扶贫工作的开展，巩固脱贫效果。

③ 反复式。此类地区无论是旅游扶贫效率还是 MI 均值，其变化都没有规律，时大时小，反反复复。其中灵璧县和蒙城县的变化比较大，其旅游综合扶贫效率大多年份低于平均值，MI 均值变化较大，这 2 个县的旅游产业有一定的基础，但大多景区集中在城区，贫困乡镇的旅游项目开发不足，旅游扶贫力度不够，扶贫效果不佳。颖上县的情况比较特殊，经过多年的发展，其旅游产业已经形成一定的规模，有 5A 旅游景区，其余也基本是 4A 与 3A 旅游景区，旅游业在

安徽省有一定的知名度,当地集中精力发展已有的旅游项目,因此旅游扶贫项目开发不足,旅游综合扶贫效率较低。这些地区后期需加强贫困地区旅游项目开发,不断提升旅游扶贫效率。

3.2.3 结论与展望

本节构建了投入产出指标体系,运用 DEA 法及 MI 法分别对皖北地区 2013—2018 年 8 个县的旅游扶贫效率和旅游扶贫效率变化情况进行了测算,数据结果总结如下:

第一,2013—2018 年,皖北地区 8 个县的旅游综合扶贫效率均值为 0.724,各县之间差异较大,但整体处于中上水平,未来还有一定的上升空间。DEA-MI 数据显示,2014—2018 年 8 个县之间的旅游扶贫效率变化(MI 均值)差异显著,整体 MI 均值为 1.065,旅游扶贫效率呈上升趋势。其中,萧县、寿县、涡阳县、固镇县的 MI 均值大于 1,说明这几个县虽然具体情况不同,但旅游扶贫效率变化总体呈上升趋势。

第二,以皖北地区 8 个县的旅游综合扶贫效率和效率变化为依据,将 8 个县的旅游扶贫效率形态划分为 4 种不同的类型,即落后型、发展型、黄金型和潜力型。根据效率状态随时间的变化编制出皖北地区 8 个县的旅游扶贫效率演进模式表,将演进模式分为稳定式(萧县、涡阳县)、渐进式(寿县、怀远县)和反复式(灵璧县、蒙城县、颍上县、固镇县)3 类,并根据各县的特点提出了旅游扶贫的建议。

第三,从综合扶贫效率和时间演进分析可以发现:皖北地区 8 个县之间的旅游扶贫效率分布相当不均,旅游扶贫效果也各有差异,同时也可得出一种结论,即经济发展较快的县(市)扶贫效率不一定高,而人均 GDP 增长较慢的县(市)旅游综合扶贫也可能有效。

总体来说,皖北地区 8 个县今后应通过整合旅游资源,调整旅游产业的发展结构,充分利用互联网发展智慧旅游,加大旅游扶贫辐射效应,提高旅游扶贫效率,巩固旅游扶贫效果。同时应充分考虑旅游扶贫对地区经济、文化、生态等各方面带来的影响,发挥正向效应,减少负面效应,实现地区经济的可持续发展。

本 章 小 结

本章运用 DEA 法与 MI 法对安徽省旅游精准扶贫效率进行了测度,对安徽省安庆市及皖北地区的旅游精准扶贫效率及各自的时间演进情况进行了详细的分析,得出了一些有益的结论。

首先,本章对安庆市 2011—2017 年 8 个县(市)的旅游扶贫效率及效率变化进行测度,并根据效率状态随时间的变化编制出该地区 8 个县(市)的旅游扶贫效率演进模式表。然后,又对安庆市扶贫效益的空间分异进行了分析,得出经济发展较快的县(市)扶贫效率不一定高,而人均 GDP 增长较慢的县(市)旅游综合扶贫也可能有效的结论。最后,采用 DEA 模型对 2013—2018 年皖北地区 8 个县的旅游扶贫效率进行测度,并运用 MI 法测算了各地区旅游扶贫效率的变化程度。这种实证分析使读者对皖北地区的旅游精准扶贫情况了解得更直观,得出的分析结果有较强的说服力。

本章仅对安徽安庆市及皖北地区近七八年的旅游扶贫效率进行了测度,在衡量指标上不是很全面,时间跨度也不够长;同时,未将全省的市(县)全部纳入测度范围并进行对比,涉及面不够广,不够全面,这将是我们未来的研究方向之一。

参 考 文 献

［1］ 薛定刚.旅游精准扶贫路径研究［J］.城市学刊,2016(1):36-38.
［2］ Ashley C,Roe D. Making Tourism Work for the Poor:Strategies and Challenges in Southern Africa［J］. Development Southern Africa,2002,19(1):61-82.
［3］ Pillay M,Christian M R. Agriculture-tourism Linkages and Pro-poor Impacts:the Accommodation Sector of Urban Coastal KwaZulu-Natal. South Africa Original Research Article［J］. Applied Geography,2013,236(1):49-58.
［4］ 邓小海,曾亮,肖洪磊.旅游精准扶贫的概念、构成及运行机理探析［J］.江苏农业科学,2017,45(2):265-269.
［5］ 陈秋华,纪金雄.乡村旅游精准扶贫实现路径研究［J］.福建论坛(人文社会科学版),2016(5):196-200.
［6］ 张春美,黄红娣,曾一.乡村旅游精准扶贫运行机制、现实困境与破解路径［J］.农林经济管理学报,2016,15(6):625-631.
［7］ 杨宏伟.旅游精准扶贫的特征及运行机理［J］.改革与战略,2017,33(8):95-97.
［8］ 党红艳,金媛媛.旅游精准扶贫效应及其影响因素消解:基于山西省左权县的案例分析［J］.经济问题,2017(6):108-113.
［9］ 林巧,杨启智.精准扶贫背景下景区依托型乡村旅游扶贫的困境及对策:以四川省宣汉县鸡坪村为例［J］.农村经济与科技,2016,27(17):84-86.
［10］ 林移刚,杨文华.我国乡村旅游精准扶贫困境与破解研究:基于生产要素视角［J］.云南民族大学学报(哲学社会科学版),2017,34(2):121-127.
［11］ 乌兰,刘伟.内蒙古民族地区旅游扶贫效率评价及优化对策研究［J］.广西民族大学学

[12] 丁煜,李啸虎.基于DEA和Malmquist指数的旅游扶贫效率评价研究:以新疆和田地区为例[J].新疆财经大学学报,2017(4):56-65.

[13] 邓小海,曾亮,肖洪磊.旅游精准扶贫的概念、构成及运行机理探析[J].江苏农业科学,2017,45(2):265-269.

[14] 孙春雷,张明善.精准扶贫背景下旅游扶贫效率研究:以湖北大别山区为例[J].中国软科学,2018(4):65-73.

[15] 李英,邹明露,孙晓.基于DEA-MI模型的县域旅游精准扶贫效率评价研究[J].保定学院学报,2019(5):58-67.

[16] 鄢慧丽,王强,熊浩,等.海南省少数民族地区旅游扶贫效率测度与时空演化分析[J].中国软科学,2018(8):63-76.

[17] 丁红梅,杨晨,刘冬萍.基于DEA-MI的旅游精准扶贫效率测度及空间分异研究:以安徽安庆市为例[J].长春大学学报,2019(9):37-43.

第4章 安徽省旅游精准扶贫下居民与社区参与度

贫困居民对旅游扶贫影响的感知程度是旅游扶贫效果的体现。随着旅游扶贫工作的开展,研究贫困居民的生活感知对旅游扶贫工作具有一定的意义,为实施精准扶贫提供合理的依据。以安徽省金寨县天堂寨镇为例,基于探索性因子分析和结构方程模型方法,构建贫困居民生活感知满意度的概念模型,探讨了贫困居民生活感知的影响因素;贫困居民生活感知满意度评价由基础设施、文化教育、经济条件、社会和谐、扶贫参与、生态环境、生活成本7个维度构成。基础设施对满意度影响最大,其次是经济条件、社会和谐、扶贫参与、文化教育、生态环境、生活成本。其中,生活成本与满意度表现为负相关,贫困居民的个人属性特征对生活感知满意度产生重要影响。在具有旅游业发展潜力的传统村落,发展旅游可以解决当地居民的就业问题,而社区参与能够提高居民整体的生活水平,这为实现旅游精准扶贫效果提供了有效的途径。本章以天堂寨镇前畈村为调查对象,对前畈村贫困居民参与旅游发展的情况进行调查,发现他们对社区参与旅游发展存在诸多不满,如旅游收入的分配、参与旅游项目的种类、参与旅游发展的资金等。因此本章以贫困居民参与旅游开发、实现脱贫为目的,结合前畈村的实际情况,从以下三个方面建立社区参与传统乡村旅游开发模式:构建政府、旅游企业和居民三位一体的旅游经营管理模式;构建政府监督,按资本和劳动力要素协调的利润分配模式;构建政府引导,企业、居民共同学习的可持续发展模式。本章结构安排如图4.1所示。

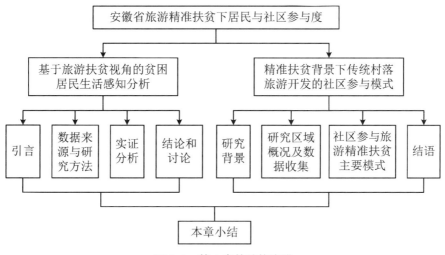

图 4.1　第 4 章的结构安排

4.1　基于旅游扶贫视角的贫困居民生活感知分析

4.1.1　引言

2015 年,旅游扶贫被列为我国精准扶贫十大工程之一。随着国家旅游扶贫工作的开展,扶贫区的贫困居民生活质量受到了很大的关注,如何评价贫困居民的生活质量成为学者研究的重点。贫困居民的文化水平不高、经济基础薄弱、能力低。旅游业作为第三产业,进入门槛不高,能帮助贫困居民摆脱贫困局面,让贫困居民共享旅游发展的成果,改善贫困居民的生活条件。因此,从旅游扶贫的视角关注贫困居民的生活质量及评价指标对于贫困区的扶贫工作具有重要的意义。近年来,乡村旅游在助推区域经济增长、传承民族优秀传统文化、引导农业产业融合发展等方面发挥着重要作用,已成为贫困地区解决"三农"问题并实现乡村振兴的重要抓手。2015 年 12 月颁布的《中共中央国务院关于打赢脱贫攻坚战的决定》指出,贫困地区应依托独特的人文自然资源优势,因地制宜地推进乡村旅游扶贫,让贫困人口分享旅游红利并实现脱贫致富。在我国诸多贫困地区,自然环境优越且保留着独特的传统文化,具有发展乡村旅游的天然优势。因此,实施旅游扶贫发展模式是推动贫困地区强区富民和乡村振兴的重要手段。与此同时,旅游业作为最具潜力的幸福产业,也是提高社区居民生活质量、满足人民对美好生活向往的重要载体。社区居民作为旅游扶贫的关键对象,不仅是当地旅游业的有机组成部分,也是旅游产业发展的重要利益相关者。提升他们的获得感、幸福感和安全感是新时代民生建设的重要目标。社区居民通过参与旅游发展可以有效地解决生计问题,是促进当地旅游业可持续发展的前提和基础。

国外学者对旅游地居民的生活感知研究较早,在理论和实践方面都取得了一些成就。他们主要把居民生活感知与居民参与联系起来,从居民生活感知的角度说明参与程度。居民参与旅游决策的制定是产生旅游扶贫效益的重要条件之一,居民参与旅游扶贫越深入,经济地位越高,对参与旅游带来经济方面的感知越强烈。早在20世纪五六十年代,学者就开始注意到旅游开发不仅能促进区域经济的发展,还能够为社区创造就业机会、提高旅游地居民收入,从而使贫困人口受益。1999年,英国国际发展局(DFID)提出PPT战略,强调旅游扶贫应关注旅游地贫困人口的利益。随后,世界旅游组织(UNWTO)提出"消除贫困的可持续旅游"发展理念,强调把可持续旅游作为摆脱贫困的手段。在此基础上,不同的国家(地区)根据自身特点,积极探索旅游扶贫形式,并提出了"文化+旅游""农业+旅游""休闲+旅游"等多种模式,为解决贫困问题作出了重要贡献。毫无疑问,旅游扶贫是以旅游产业发展为杠杆的扶贫方式,可以有效促进贫困地区的资源优化配置和产业升级,提高当地居民的收入,繁荣地方经济,最终实现乡村全面振兴。

乡村旅游的扶贫效率问题一直是学者们关注的重点。从宏观层面来看,乡村旅游能够有效推动贫困地区经济结构转型,改善基础设施条件,提升生态环境质量,对当地的经济发展、社会文化、自然环境均会产生不同程度的综合影响。有学者提出,旅游发展能改善当地的基础设施状况,创造就业机会,促进地区经济发展等,但与此同时也会产生交通拥堵、环境污染、噪音增加等诸多负面影响[20]。从微观层面来看,乡村旅游对当地居民的生产生活方式也会产生一定的影响。研究发现,旅游不仅可以为居民提供多元化的生计策略,使其获得经济收益,还能改变他们的思想观念并提升其社会地位。

国内近年来关于旅游地居民生活感知的研究不断增加,如旅游地居民生活感知的影响因素、旅游地居民的生活感知评价、社区参与旅游发展的感知。有学者指出乡村旅游可以通过"推动经济生产要素的集聚、促进乡村多维文化的自在传承、实现乡村公共治理的地方嵌入"等方式,实现旅游发展与乡村振兴的融合[6]。一般来说,社区居民的主观幸福感更多地受到当地旅游业发展情况的影响。尤其当旅游发展为当地社区带来的正面效应越明显时,社区居民感受到的幸福感就越强烈;相反,贫富差距加大、生活环境破坏等负面效应越明显时,他们的生活幸福感则会显著降低。有学者发现,社区居民虽然对于发展旅游持较为积极的支持态度,但是由于在经济、社会和文化影响感知上面临诸多问题,在一定程度上制约了其主观幸福感的提升[15]。同样，还有学者发现经济状况、社区环境和社区归属感显著正向地影响旅游地社区居民的主观幸福感[16]。因此，综上所述，研究多集中在社区居民参与旅游开发的感知方面，对于旅游地贫困居民的生活感知也有所涉及，但从旅游扶贫视角来探索贫困居民的生活感知体系较少。如今，越来越多的学者开始关注贫困问题的持续性，认为贫困的指标不仅仅是收入，还包括教育、医疗、健康、环境等多维贫困因素。

多维贫困指数涵盖了单位家庭的关键评价因素，使用了包括教育、环境等10个主要变量来测算贫困水平。以国家贫困县金寨县天堂寨镇为例，以贫困居民为研究对象，结合多维扶贫理论，构建多维贫困居民生活感知满意度评价指标，并分析影响贫困居民生活感知的因素，对天堂寨镇旅游扶贫工作的开展具有一定的现实意义，为实施精准扶贫提供合理的依据。

4.1.2 数据来源与研究方法

1. 数据来源

天堂寨镇位于金寨县西南端，与风景秀丽的天堂寨国家森林公园紧密相连，天堂寨集国家地质公园、国家森林公园、国家级自然保护区和国家5A级旅游景区于一体。天堂寨镇位于国家级贫困县金寨县，全镇总人口有1.8万人，农业人口有1.6万人，扶贫任务艰巨。天堂寨镇旅游资源丰富，近年来，金寨县天堂寨镇以国家5A级风景区资源为依托，努力改善基础设施和功能配套服务，因地制宜，大力发展旅游，实现了旅游业的快速发展。与此同时，该镇把旅游服务与扶贫攻坚有机结合，数以千计的当地居民因从事旅游经营活动而致富，贫困人口实现了脱贫，旅游扶贫效果明显。

数据搜集时间为2018年5月3日至7日，采用的是一对一的问卷调查形式，地点为天堂寨镇的渔潭村、马石村、前畈村，这3个村均为安徽省乡村旅游扶贫重点村，在了解天堂寨镇贫困人口情况的基础上，从中随机抽取部分贫困人口进行问卷调查。本次调查共发放问卷350份，回收有效问卷303份，有效率为86.6%。被调查者分布情况见表4.1。

表4.1 调查样本构成

	居民属性	样本数	占比
性别	男	150	49.5%
	女	153	50.5%

续表

居民属性		样本数	占比
年龄（岁）	20～30	86	28.4%
	31～50	177	58.4%
	51～60	26	8.6%
	61以上	14	4.6%
收入水平（元）	<500	4	1.3%
	500～1000	5	1.7%
	1000～2000	76	25.1%
	2000～3000	218	71.9%
文化程度	小学及以下	15	4.9%
	初中	80	26.4%
	高中	175	57.8%
	大专及以上	33	10.9%
家中是否有旅游从业人员	是	198	65.3%
	否	105	34.7%

问卷内容包括个人特征、家庭特征、生活感知特征等，生活感知特征调查的重点是贫困居民的生活感知满意度评价。贫困居民生活感知满意度评价指标体系的建立步骤如下：

首先，梳理与旅游扶贫和贫困居民生活满意度及感知相关的文献，借鉴学者对贫困居民生活感知的评价指标，选取的指标为：增加就业机会、促进当地经济的发展、提高收入、改善通信设施、促进文化传承、改善文化设施、改善交通设施、提高语言水平、促进邻里和谐、促进家庭和谐、提升本地知名度、增强环保意识、改善环境质量共13个指标[24]。

然后，借鉴多维扶贫理论，旅游扶贫包括经济、教育、医疗、健康、环境等方面的扶贫，因此除了上述的经济扶贫指标，又选取了增加教育和培训机会、改善教育设施、改善卫生设施、改善医疗设施、改善文娱设施、改善环境设施、美化社区环境、改善住房条件、改善水电条件、优化家庭资产、改善健康、改善燃料使用类型共12个评价指标。

最后，从当地贫困居民的角度选取生活感知的评价指标，包括提高扶贫精准、提高旅游开发参与度、提高旅游决策参与度、改善扶贫收益分配、提高道德水平五个方面。

通过以上3个步骤，共选取30个旅游扶贫视角下贫困居民的生活感知评价指标,主要涉及社区基础设施建设、经济发展、文化教育、社会和谐、旅游扶贫参与、生态环境、居民生活成本等方面。

2. 研究方法

(1) 探索性因子分析

首先,把数据录入 SPSS 23.0 软件,然后利用主成分分析法进行探索性因子分析,并按最大方差法进行因子旋转,以特征值大于 1 为标准提取公因子,并剔除因子载荷小于 0.5 或提取共同度小于 0.4 的题项。

(2) 结构方程模型

结构方程模型是基于变量的协方差矩阵,分析变量之间关系的统计方法,它具有因子分析和路径分析的功能,并且允许自变量和因变量存在测量误差。在贫困居民生活感知满意度的影响因素中,有些潜在变量是不能够直接测量的,但可以通过观察变量来测量。因此,本章选择结构方程模型方法,结构方程模型包括 2 个基本模型:测量模型和结构模型。公式为

$$X = \Lambda_X \xi + \varepsilon \tag{4.1}$$

$$Y = \Lambda_Y \eta + \varepsilon \tag{4.2}$$

$$\eta = B\eta + \Gamma\xi + \varepsilon \tag{4.3}$$

式(4.1)和式(4.2)为观测模型。式中,X 为外生潜变量 ξ 的观测变量;Y 为内生潜变量 η 的观测变量;Λ_X 与 Λ_Y 分别为 X 和 Y 的因素负荷量;ε 为 Y 的测量误差。式(4.3)为结构模型,其中,B 为内生潜变量系数矩阵,Γ 为外生潜变量系数矩阵,ζ 为结构模型中无法预测或解释的误差项,称为残差。

在探索性因子分析结果的基础上构建结构方程模型,并对模型进行检验和修正,探讨贫困居民生活感知满意度的影响因素。

4.1.3 实证分析

1. 贫困居民生活感知满意度探索性因子分析

为了降低 30 个评价指标存在的共线性,删除了相关性低的评价指标,采用因子分析法对 30 个评价指标进行量化处理。将 30 个评价指标转化为调查问卷的问题,请贫困居民按照李克特(Likert)五级量表对评价指标进行打分。效度分析中,KMO 统计量值为 0.886,巴特勒(Bartlett)球形检验的 P 值为 0,由此可见调查数据可以进行因子分析。通过主成分抽取公因子,将所得的因子进行最大方差旋转后,以特征值大于 1 和因子载荷大于 0.5 为标准,提取出贫困居民生活感知满意度的 28 个评价指标(其中,改善健康、优化家庭资产 2 个指标被剔除)。28 个指标涵盖了经济条件、基础设施、扶贫参与、生活水平、文化教育、社会和谐、生态环境等 7 个维度的满意度(表 4.2)。

表 4.2　贫困居民生活感知满意度探索性因子分析结果

潜变量	测量题项	因子载荷	均值	标准差	贡献率
基础设施	改善卫生设施	0.883	3.94	0.956	18.171%
	改善交通设施	0.866	3.95	0.927	
	改善医疗设施	0.834	3.75	0.908	
	改善文娱设施	0.808	4.09	0.786	
	改善环境设施	0.72	3.11	0.772	
	改善通信设施	0.712	4.13	0.739	
文化教育	增加教育和培训机会	0.841	4.36	0.625	12.798%
	改善教育设施	0.784	4.35	0.725	
	促进文化传承	0.665	4.12	0.883	
	改善文化设施	0.637	4.19	0.715	
	提高语言水平	0.544	4.1	0.798	
经济条件	增加就业机会	0.914	3.63	1.16	11.877%
	促进当地经济的发展	0.902	3.7	1.05	
	改善扶贫收益分配	0.852	3.68	0.899	
	提高收入	0.566	3.83	1.065	
社会和谐	促进邻里和谐	0.894	4.33	0.6	10.64%
	提升本地知名度	0.834	4.2	0.591	
	提高道德水平	0.818	4.33	0.678	
	促进家庭和谐	0.815	4.1	0.576	
扶贫参与	提高扶贫精准度	0.858	3.42	0.952	9.672%
	提高旅游决策参与度	0.79	3.3	1.296	
	提高旅游开发参与度	0.769	3.53	1.176	
生态环境	改善环境质量	0.909	3.91	0.72	8.621%
	增强环保意识	0.883	3.68	0.54	
	美化社区环境	0.846	3.58	0.545	
生活成本	改善住房条件	0.94	3.79	0.635	9.07%
	改善水电条件	0.912	3.65	0.682	
	改善燃料使用类型	0.907	3.66	0.603	

结果表明，7个主因子累计贡献率为80.849%，可以解释贫困居民生活感

知满意度的大部分信息,有较高的准确性。

第一个主因子的贡献率为18.171%,包含的变量为改善卫生设施、改善交通设施、改善医疗设施、改善文娱设施、改善环境设施、改善通信设施,体现了旅游扶贫提升社区基础设施的满意度。

第二个主因子的贡献率为12.798%,包括增加教育和培训机会、改善教育设施、促进文化传承、改善文化设施、提高语言水平,反映了贫困居民对于旅游扶贫改善教育条件的满意度。

第三个主因子的贡献率为11.877%,包含增加就业机会、促进当地经济的发展、改善扶贫收益分配、提高收入,反映了贫困居民对于旅游扶贫提高经济收入和改善经济条件的满意度。

第四个主因子的贡献率为10.64%,包括促进邻里和谐、提升本地知名度、提高道德水平、促进家庭和谐,表明旅游扶贫能融洽家庭关系,促进社会和谐。

第五个主因子的贡献率为9.672%,包含提高扶贫精准度、提高旅游决策参与度、提高旅游开发参与度,反映贫困居民参与旅游开发和决策的满意度。

第六个主因子的贡献率为8.621%,包含改善环境质量、增强环保意识、美化社区环境,反映了贫困居民对于旅游扶贫改善生态环境的满意度。

第七个主因子的贡献率为9.07%,包括改善住房条件、改善水电条件、改善燃料使用类型,反映了贫困居民对于旅游扶贫提高生活成本的满意度。

基于上述分析,贫困居民生活感知满意度存在7个维度感知要素:基础设施、文化教育、经济条件、社会和谐、扶贫参与、生态环境、生活成本。通过探索性因子分析构建贫困居民生活感知满意度初始模型,包括7个潜变量(图4.2)和28个观察变量(表4.2)。并提出以下假设:

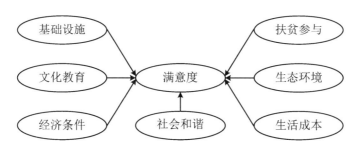

图4.2 贫困居民生活感知满意度初始模型

假设一(H1):基础设施对贫困居民生活感知满意度有直接显著正向影响。
假设二(H2):文化教育对贫困居民生活感知满意度有直接显著正向影响。
假设三(H3):经济条件对贫困居民生活感知满意度有直接显著正向影响。
假设四(H4):社会和谐对贫困居民生活感知满意度有直接显著正向影响。
假设五(H5):扶贫参与对贫困居民生活感知满意度有直接显著正向影响。

假设六(H6):生态环境对贫困居民生活感知满意度有直接显著正向影响。
假设七(H7):生活成本对贫困居民生活感知满意度有直接显著负向影响。

2. 贫困居民个人属性特征与感知满意度相关分析

首先,把贫困居民个人属性量化处理,再把个人属性与贫困居民生活感知满意度进行相关分析,结果见表4.3。

表4.3 居民个人属性特征与生活感知满意度相关性

		性别	年龄	收入水平	文化程度	家中是否有旅游从业人员
满意度	相关性	−0.029	0.136	−0.123	−0.221	0.249
	显著性	0.617	0.018	0.033	0	0

从表4.3可以看出,年龄、收入水平、文化程度、家中是否有旅游从业人员与满意度存在显著相关性。其中,满意度和年龄存在显著正相关,相关系数为0.136;和收入水平存在显著负相关,相关系数为−0.123;和文化程度存在显著的负相关,相关系数为−0.221;与家中是否有旅游从业人员存在显著的正相关,相关系数为0.249。

从年龄来看,中青年满意度较低,中青年居民的经济收入不是太高,同时担负着家庭压力,因此满意度较低。居民年龄越大,家庭责任越小,满意度越高。

从收入水平来看,收入水平越高的群体心里期望越大,对各种要素的期望越高,很难得到满足,生活感知满意度较低。相反,收入低的群体由于自身经济条件的限制,满意度较高。

从文化程度来看,居民的文化水平越高,对扶贫效果的期望值越高,生活感知满意度低。对文化水平低的居民来说,期望值不高,因此生活感知满意度相对来说较高。

从家中是否有旅游从业人员来看,随着乡村旅游扶贫工作的推进,从事旅游业的居民生活水平得到一定的改善,生活感知的满意度高。相反,没有从事旅游业的居民满意度低。

因此,综上所述,进一步说明年龄、收入、文化程度、家中是否有旅游从业人员等是影响居住满意度的重要因素。

3. 贫困居民生活感知满意度结构方程模型结果分析

(1) 模型拟合检验与修正

通过考察各潜变量之间的结构关系,对结构模型进行检验和修正。根据AMOS修正指数报表发现,基础设施与文化教育、文化教育与社会和谐、文化教育与扶贫参与间的修正指数较高(表4.4),为降低卡方值,增加显著性 P 值,尝试建立上述潜变量间的关系。

表 4.4　结构方程模型修正指数报表

变量间因果关系			M.I.	Par Change	变量间因果关系			M.I.	Par Change
基础设施	↔	文化教育	126.545	0.401	扶贫参与	↔	生态环境	7.049	0.095
文化教育	↔	社会和谐	80.976	0.26	基础设施	↔	生活成本	6.858	0.064
文化教育	↔	扶贫参与	78.432	0.421	经济条件	↔	生活成本	6.577	0.101
基础设施	↔	社会和谐	71.928	0.2	社会和谐	↔	生态环境	5.957	0.053
社会和谐	↔	扶贫参与	71.482	0.266	生活成本	↔	生态环境	5.479	0.053
基础设施	↔	扶贫参与	66.824	0.318	基础设施	↔	生态环境	4.105	0.055
文化教育	↔	经济条件	63.617	0.46	e10	↔	e11	98.474	0.162
经济条件	↔	扶贫参与	60.42	0.488	e17	↔	e18	87.619	0.187
基础设施	↔	经济条件	56.756	0.355	e4	↔	e19	32.712	−0.052
经济条件	↔	社会和谐	26.881	0.198	e4	↔	e14	21.565	0.088
文化教育	↔	生态环境	10.464	0.107	e4	↔	e5	15.915	0.024
经济条件	↔	生态环境	9.823	0.136					

按照一次释放一个的原则对模型进行修正后,得到以下结果:$\frac{\chi^2}{df}$的值为 2.793,RMSEA 值为 0.077,CFI 值为 0.933,NFI 值为 0.899,IFI 值为 0.933、PGFI 值为 0.657、PNFI 值为 0.764,大部分指标都达到拟合标准(表 4.5)。因此,修正后的模型拟合度更好,因此选择为最终模型。

表 4.5　模型拟合度检验

	$\frac{\chi^2}{df}$	RMSEA	NFI	CFI	IFI	PGFI	PNFI
判断标准	小于3	小于0.08	大于0.9	大于0.9	大于0.9	大于0.5	大于0.5
初始模型	4.869	0.113	0.812	0.844	0.843	0.572	0.742
修正模型	2.796	0.077	0.899	0.933	0.933	0.657	0.764

(2) 模型结果解释

通过对模型修正后,得到最终的贫困居民生活感知满意度结构方程模型(图 4.3)。

模型测算结果表明(表 4.6),除假设 H7,其余 6 个假设基本成立。它们对生活感知总体满意度的影响效果由大到小依次是:基础设施>经济条件>社会和谐>扶贫参与>文化教育>生态环境。

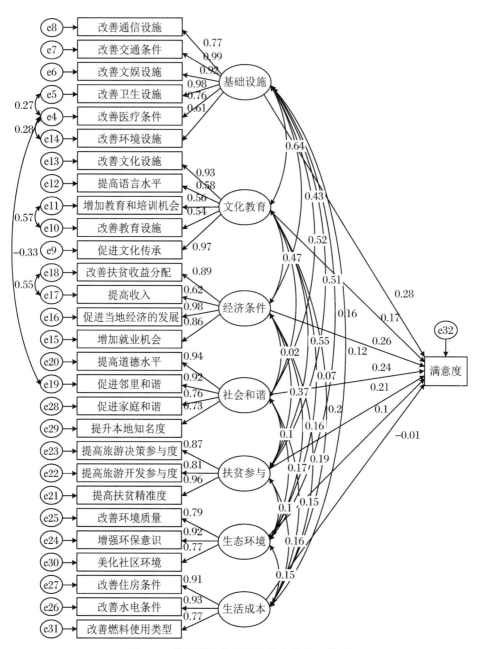

图 4.3 贫困居民生活感知满意度修正模型

表 4.6 贫困居民生活感知满意度结构方程模型测算结果

变量间因果关系			标准化参数估计值	C.R.	显著性	检验结果
满意度	←	基础设施	0.282	7.894	***	支持 H1
满意度	←	文化教育	0.168	4.592	***	支持 H2
满意度	←	经济条件	0.264	9.278	***	支持 H3
满意度	←	社会和谐	0.242	7.525	***	支持 H4
满意度	←	扶贫参与	0.213	6.463	***	支持 H5
满意度	←	生态环境	0.098	3.834	***	支持 H6
满意度	←	生活成本	−0.008	−0.307	0.759	不支持 H7

① 基础设施与满意度关系验证。基础设施是影响贫困居民生活感知满意度的重要因素,路径系数为 0.282,假设 H1 成立。受基础设施改善的影响,贫困居民生活感知满意度有较大幅度的提高。基础设施状况是衡量居民生活便利与否的重要标准之一。由此可见,基础设施是影响旅游扶贫效果的首要因素。

② 文化教育与满意度关系验证。文化教育对贫困居民生活感知满意度有显著的正向影响,路径系数为 0.168,假设 H2 成立。说明居民接受的教育培训机会增多,文化水平提高,满意度也会得到提高。在文化教育中,"促进文化传承"和"改善文化设施"的影响程度最大,解释值分别为 0.97、0.93,表明"促进文化传承"和"改善文化设施"是生活感知中文化教育的关键要素。

③ 经济条件与满意度关系验证。贫困居民对旅游扶贫带来经济条件的改善对于生活感知满意度有正向影响,路径系数为 0.264,假设 H3 成立。经济条件反映了贫困居民的基本需求,也是其关注旅游扶贫效果的重要因素,经济条件是否优越对生活感知满意度评价有直接影响。其中,"促进当地经济的发展"是贫困居民关注的重点,当地经济的发展有助于提高贫困居民生活感知的质量。

④ 社会和谐与满意度关系验证。社会和谐对贫困居民生活感知满意度有显著的正向影响,路径系数为 0.242,假设 H4 成立。社会和谐不仅是家庭关系和睦,还包括邻里关系和睦,居民人际交往环境的改善有助于整体生活氛围的优化。

⑤ 扶贫参与与满意度关系验证。扶贫参与是影响贫困居民生活感知满意度的重要因素,路径系数为 0.213,假设 H5 成立。其中,"提高扶贫精准度"的影响程度最大,表明在旅游扶贫中,精准扶贫旅游非常关键,要提高贫困居民生活感知满意度,就要让贫困居民获得更多的机会参与到旅游的发展中来。

⑥生态环境与满意度关系验证。生态环境对满意度有正向影响。路径系数为0.1，假设H6成立。良好的生态环境能够满足居民生存的需要，其中，"增强环保意识"是居民关注的重点，努力改善生态环境有助于居民满意度的提高。

⑦生活成本与满意度关系验证。生活成本对满意度有负向影响，由于P值为0.759，大于0.05，所以不显著，H7不成立。这表明生活成本改善，不一定会使贫困居民的生活感知满意度有显著提高。在乡村旅游扶贫工作的积极推进下，当地大力发展旅游业，生活成本有一定的改善，但是生活成本开销对生活感知满意度影响不大。

4.1.4 结论和讨论

以金寨县天堂寨镇的问卷调查数据为基础，通过探索性因子及结构方程模型，对贫困居民生活感知满意度进行研究，得到以下结论：

第一，贫困居民生活感知满意度评价指标，除了经济条件、扶贫参与等，还应包括基础设施、文化教育、社会和谐、生态环境等。随着旅游扶贫工作的开展，贫困居民对旅游扶贫的期望已经超越了经济范畴，还应扩展到教育、医疗、健康、环境等领域。

第二，贫困居民生活感知满意度模型经过修正后整体拟合度较好，多数研究假设被验证。生活感知满意度评价受基础设施、文化教育、经济条件、社会和谐、扶贫参与、生态环境、生活成本7个维度影响。按影响效果排序，依次是基础设施、经济条件、社会和谐、扶贫参与、文化教育、生态环境、生活成本。改善基础设施应该作为提高贫困居民生活感知满意度工作的重点。

第三，贫困居民的个人属性也是影响生活感知满意度的因素之一。相关分析表明，年龄、收入、文化程度、家中是否有旅游从业人员与生活感知满意度存在显著相关性。在乡村旅游扶贫工作的推进下，收入水平高的群体满意度比收入水平低的群体满意度低，中青年群体较老年群体满意度较低，文化水平高的群体对扶贫效果的期望值也高，家中有旅游从业人员的群体对旅游扶贫的期望较家中没有旅游从业人员的群体高。

本章基于旅游扶贫视角，验证了贫困居民生活感知满意度的形成机制，对贫困居民生活感知满意度相关理论的研究和乡村旅游扶贫工作的开展有一定的科学价值。但研究还存在不足之处，如评价指标体系的构建不够完善，针对专家的指标筛选方法仍然不够多样化，因此在以后的研究中还需进一步提高评价指标的科学性。

4.2 精准扶贫背景下传统村落旅游开发的社区参与模式

4.2.1 研究背景

2015年,旅游扶贫被列为我国精准扶贫十大工程之一。旅游精准扶贫是针对不同贫困地区的旅游禀赋条件、开发条件、贫困人口状况,对旅游扶贫对象进行精准识别、精准帮扶和精准管理,帮助贫困地区通过发展旅游业摆脱贫困的有效途径,是精准扶贫理念融入旅游领域的具体体现。

自20世纪90年代以来,关于中国旅游扶贫的研究逐渐兴起,涉及旅游对中国区域经济的影响、旅游在扶贫中的作用等。邓小海[25]对旅游精准扶贫进行了系统研究,从如何精准识别旅游扶贫机制、精准帮扶机制和精准管理机制三个方面进行阐述。杨静[26]分析了在旅游精准扶贫的背景下,社区参与乡村旅游扶贫,可以创新经济发展模式,帮助农民创收增收,提升民众综合素质,并提出了以政府为主导的开发模式。桂拉旦等[27]以广东林寨古村落为例,分析了以乡村文化资源价值挖掘、传统乡村旅游要素整合、新农村建设一体化发展为主线的文旅融合型乡村旅游精准扶贫模式。陈秋华等[28]分析了乡村旅游精准扶贫实现路径。耿宝江等[29]对四川藏区旅游精准扶贫进行了研究,构建了贫困人口行为驱动和政府、企业、当地社区构成的扶贫主体行为驱动的旅游精准扶贫驱动机制,从微观上看,贫困人口通过分享、匹配、学习3种方式实现旅游脱贫的目的。吴靖南[30]根据精准扶贫的要求设计了乡村旅游精准扶贫实现路径,并提出了乡村旅游扶贫的保障机制。卡茜燕[31]以大理双廊村为调查对象,分析了旅游扶贫存在的困境及原因,认为在利益相关者制约与管理机制的基础上进行社区和贫困人口层面的精准识别与帮扶,可实现可持续旅游精准扶贫和社区发展。邢慧斌等[32]以燕山-太行山片区旅游精准扶贫为例,结合当地的实际条件,从旅游精准扶贫识别、精准帮扶和精准管理三个方面系统构建了三位一体的旅游精准扶贫模型。

综上所述,学者对乡村地区精准扶贫的机制研究较多。但是旅游扶贫与传统扶贫方式有着本质的区别,旅游业是开放式产业,旅游业的发展在带来经济效益的同时,也给当地带来了负面效应,这会影响旅游业的可持续发展,因此旅游精准扶贫要考虑更多的要素,如扶贫对象、旅游项目、居民参与度和认可度等,以及居民受益程度等。天堂寨镇前畈村通过发展旅游,经济水平有了很大的提高,但是相关的文化、社会、环境问题不断凸显出来,导致前畈村旅游的吸引力逐渐减弱。如果前畈村仅从经济角度发展旅游业,不考虑其他因素,那么旅游发展后继乏力,贫困人口将很难从根本上脱贫。本节通过对前畈村旅游扶贫工作进行调查,从三个方面建立社区参与传统乡村旅游开发模式,即构建政府、旅游企业和居民三位一体的旅游经营管理模式;构建政府监督,按资本和劳动力要素协调的利润分配模式;构建政府引导,企业、居民共同学习的可持续发展模式,这对于前畈村的旅游开发、规划、运营都有实际意义,可推动前畈村旅游扶贫项目的开展。

4.2.2 研究区域概况及数据搜集

1. 前畈村的旅游发展概况

前畈村位于天堂寨镇的中心地段,是镇政府所在地,与天堂寨风景区紧密相连。前畈村的地理位置优越,毗邻天堂寨风景区,交通便利,具有良好的资源禀赋,自然生态资源良好。20世纪80年代初,天堂寨景区就开始接待游客,但是规模很小,由安徽旅游公司接管经营后进入大规模旅游开发阶段,旅游接待初成规模。天堂寨景区集国家森林公园、国家地质公园、国家自然保护区、国家扶贫试验区于一体。前畈村依托天堂寨风景区,全村大部分居民都参与了旅游经营,其中90%以上的居民从事与旅游相关的工作,居民收入主要来自餐饮、摆摊、旅游客运等。2016年,安徽省旅游局推出旅游精准扶贫行动,通过企业结对帮扶贫困乡村,对天堂寨镇前畈村等扶贫重点村实施帮扶行动。2017年4月底,安徽省召开扶贫工作会议,全省下派250余个扶贫工作队进入前畈村等村庄驻点。

旅游扶贫工作的重点是社区人口收益获取和分配问题,然而旅游目的地的大多数贫困居民都很难从旅游发展中获取经济效益。在前畈村旅游业发展中,少数居民进行餐馆、住宿的经营,大部分居民则是摆摊出售当地的农产品、手工艺品、小吃等获取经济收入。由于旅游经营能力有限,旅游投资回报低,参与旅游经营的村民处于劣势地位。前畈村居民的贫富差距较大,沿街居民相对富裕,其他地方的居民相对贫困。因此要充分发挥旅游精准扶贫带来的积极作用,让贫困人口共享旅游发展的成果,是前畈村致富的重要措施之一。

2. 数据搜集

(1) 数据来源

笔者对前畈村贫困居民进行了社区参与旅游发展的相关情况调查,主要采用问卷和访谈相结合的调查方法搜集相关资料。被调查人员包括:经营餐馆的居民、经营旅馆的居民、从事旅游客运的居民、摆摊出售各类农产品和手工艺品的居民、出售小吃的居民等,被调查居民虽参与到旅游业中,从事与旅游业相关的工作,但是收入普遍不高。在发放问卷之前,笔者进行了预调查,基于预调查的情况,设计并完善了调查问卷。问卷调查的是前畈村社区参与旅游满意度及重视程度,共 17 个指标。发放问卷共计 150 份,回收 142 份,有效率约为 94.7%。

(2) 数据处理及结果讨论

信度及效度检验:采用 Cronbach's α 信度系数法。将调查数据导入 SPSS 中,得到量表的信度系数均大于 0.7,代表整个问卷的信度较好(表 4.7)。

表 4.7 调查问卷的信度分析表

维度	Cronbach's α	项数
重要性	0.728	17
满意性	0.771	17

对调查数据进行 KMO 采样充足性检验和 Bartlett 球形检验,表 4.8 和表 4.9 是 KMO 测度和 Bartlett 球形检验的结果。当 KMO 的值越大时,表示变量间的共同因素越多,越适合进行因子分析。一般认为 KMO 的值如小于 0.5,则效度不佳。该表结果显示 KMO 的值均大于 0.5,效度检验通过。

表 4.8 重要性调查数据的 KMO 测度和 Bartlett 球形检验

取样足够度的 Kaiser-Meyer-Olkin(KMO)度量		0.673
Bartlett 球形检验	近似卡方	460.418
	df	136
	Sig.	0

表 4.9 满意性调查数据的 KMO 测度和 Bartlett 的检验

取样足够度的 Kaiser-Meyer-Olkin 度量		0.789
Bartlett 球形检验	近似卡方	651.517
	df	136
	Sig.	0

满意度及重要性分析:运用 IPA 分析法对前畈村社区参与旅游发展的影响因素满意度及重要性进行分析,绘制当地居民主观认识中影响因素的 IPA 分析图,对社区居民在参与当地旅游发展中的影响因素进行更为直观的观察,并期望能够找出当地旅游发展管理者需要集中精力重点改正的项目。

要进行 IPA 分析,首先要得出满意度与重要性量表的均值及标准差并进行排序,平均值及标准差反映的是每组数据的整体情况。表 4.10 是经过数据计算的社区居民参与旅游发展的满意度与重要性均值、标准差及排序。

表 4.10　前畈村社区参与旅游发展的影响因素满意度及重要性分析

序号	因子	满意度			重要性		
		均值	标准差	排序	均值	标准差	排序
1	旅游规划方案	3.297	1.3	16	3.95	0.74	14
2	旅游开发管理制度	3.535	1.18	14	4.475	0.521	7
3	旅游资源保护	4.02	0.883	4	4.327	0.68	11
4	环境保护	4.119	0.886	2	4.515	0.502	6
5	旅游开发认同度	4.069	0.875	3	4.446	0.655	8
6	居民文化素质	3.931	0.972	5	4.594	0.533	3
7	社区基础设施	3.822	0.984	6	3.822	0.984	17
8	交通设施	4.129	0.833	1	4.545	0.5	4
9	本土文化的传承	3.772	0.733	7	4.624	0.487	1
10	参与旅游项目的种类	3.069	1.098	17	3.832	1.068	16
11	旅游沟通能力	3.634	0.674	9	4.05	0.973	13
12	旅游经营能力	3.693	0.845	8	3.851	0.984	15
13	旅游服务技能	3.554	0.911	13	4.119	0.804	12
14	参与旅游发展的资金	3.515	1.101	15	4.545	0.5	4
15	参与旅游发展的建筑和设备	3.634	1.164	9	4.416	0.652	9
16	物价水平	3.624	0.798	11	4.604	0.492	2
17	旅游收入分配	3.624	0.904	11	4.347	0.713	10

对社区参与旅游发展影响因素的满意度依次排序,较满意的是交通设施(4.129)、环境保护(4.119),较不满意的是参与旅游项目的种类(3.069)、旅游规划方案(3.297)。对社区参与旅游发展影响因素的重要性进行均值和标准差计算,并按均值大小进行排序,总体来看,社区居民较看重的是本土文化的传承(4.624)、物价水平(4.604),较不看重的是社区基础设施(3.822)、参与旅游项目的种类(3.832)。

数据显示,当地旅游发展期望重要性范畴下的17项指标总的平均数 I 等于4.298,评价满意度范畴下的17项指标的总平均数 P 等于3.708。$I=4.298$ 和 $P=3.708$ 的这一点就是坐标原点。基于该相交点画出垂直相交的坐标轴,并将IPA定位分析图分成4个象限(图4.4)。

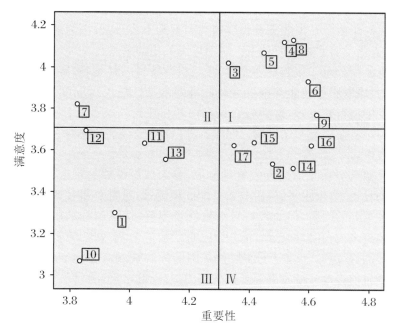

图 4.4 IPA 定位分析图

注:1. 位于第Ⅰ象限的要素:3(旅游资源保护)、4(环境保护)、5(旅游开发认同度)、6(居民文化素质)、8(交通设施)、9(本土文化的传承)。

2. 位于第Ⅱ象限的要素:7(社区基础设施)。

3. 位于第Ⅲ象限的要素:1(旅游规划方案)、10(参与旅游项目的种类)、11(旅游沟通能力)、12(旅游经营能力)、13(旅游服务技能)。

4. 位于第Ⅳ象限的要素:2(旅游开发管理制度)、14(参与旅游发展的资金)、15(参与旅游发展的建筑和设备)、16(物价水平)、17(旅游收入分配)。

通过 IPA 法的测量,从 IPA 定位分析图中筛选出前畈村贫困居民参与旅游发展满意度的影响因素。图 4.4 中第Ⅰ象限的旅游资源保护、环境保护、旅游开发认同度、居民文化素质、交通设施、本土文化的传承共 6 项要素是前畈村村民参与旅游发展满意度的重中之重。这些指标是社区居民认为重要性和满意程度都较高的因素。根据 IPA 分析模型可知,对于这一象限内的因素,社区居民认为这些因素是其评价参与旅游地发展的重要因素。前畈村毗邻天堂寨风景区,便利的交通有利于游客进出旅游风景区,同时,当地的旅游资源和环境都得到了充分的保护,当地居民对于旅游开发的认同度较高,旅游开发得到了大部分居民的认可。

分布在第Ⅱ象限的要素有一项,这项因素的居民感知主体不太重要。位于第Ⅱ象限的要素有社区基础设施。这一项指标的满意度较高,但重要程度却不甚相同。这一项指标是在社区居民的认知中满意度较高的因素,在以后的发展中应保持现状,发挥其积极作用,不必把重心放在此类要素上。而对于前畈村社区居民对于旅游开发的满意程度这类因素则不容小觑,因为居民的感知是动态变化的,此类要素很可能是下一时期居民关注的重点。

第Ⅲ象限分布了旅游规划方案、参与旅游项目的种类、旅游沟通能力、旅游经营能力、旅游服务技能5项要素。此类要素社区居民认同度低,且前畈村在旅游开发中做得并不好,这部分要素是前畈村旅游扶贫的后续条件,对于社区居民参与旅游发展有一定影响。对于当地政府来说,这5项要素无需达到立竿见影的效果。

第Ⅳ象限分布了旅游开发管理制度、参与旅游发展的资金、参与旅游发展的建筑和设备、物价水平、旅游收入分配5项要素,这部分是社区居民参与旅游发展至关重要的因素,但前畈村目前发展得不好,达不到社区居民的期望。对于当地政府来说,在发展旅游的过程中,此类要素急需改进,它们关系到前畈村旅游发展的深度和广度,对于前畈村贫困居民脱贫致富起到十分重要的作用,因此这是目前当地旅游发展需要集中精力提高和改善的项目。

因此,笔者归纳了17项前畈村社区参与旅游发展满意度的影响要素,为了更好地实现旅游扶贫,帮助前畈村贫困居民脱贫,将其分为当前首选脱贫要素、普通脱贫要素、潜在脱贫要素3类(表4.11)。其中,当前首选脱贫要素是指导前畈村旅游扶贫的重要依据,潜在脱贫要素是前畈村未来脱贫不可或缺的重要条件,也是前畈村未来脱贫的重要依据。

表4.11 社区参与旅游发展影响要素分析表

属性类别	所属象限	参与旅游发展影响要素
当前首选脱贫要素	Ⅲ Ⅳ	旅游规划方案、参与旅游项目的种类、旅游沟通能力、旅游经营能力、旅游服务技能、旅游开发管理制度、参与旅游发展的资金、参与旅游发展的建筑和设备、物价水平、旅游收入分配
普通脱贫要素	Ⅰ	旅游资源保护、环境保护、旅游开发认同度、居民文化素质、交通设施、本土文化的传承
潜在脱贫要素	Ⅱ	社区基础设施

4.2.3 社区参与旅游精准扶贫的主要模式

在精准扶贫的背景下,结合上文前畈村社区参与旅游发展影响因素的分析,以当前首选脱贫要素建设为着力点,普通脱贫要素建设为常态化,潜在脱贫要素建设为突破口,开展旅游脱贫工作。

1. 构建政府、旅游企业和居民三位一体的旅游经营管理模式

旅游经营管理模式是旅游精准帮扶的保障,贫困人口利益协调是精准管理的关键,旅游精准扶贫涉及政府、居民、旅游企业等帮扶主体。前畈村当前的旅游经营基本以相关企业为主,前畈村可以通过政府进行招商,引进知名旅游企业,通过提供旅游资源、劳动力等要素,形成政府、企业、居民共同经营的主体。

在社区参与旅游精准扶贫的经营管理模式中,政府的职责在于监督和管理、构建信息平台等。政府通过制定扶贫计划、开发旅游项目、完善旅游基础设施推动前畈村社区参与旅游的发展。充分发挥政府的保障作用,推动社区多元化、多层次发展。当地政府要征求前畈村贫困人口的意见和诉求,在旅游企业的帮助下,为社区贫困居民提供参与旅游的平台。旅游企业对社区旅游的开发和发展负有提高经济价值的责任,因此在前畈村三位一体的旅游经营管理模式中,旅游企业的作用是不可替代的。居民是旅游发展的直接参与者,可为旅游企业提供资源和服务。

2. 构建政府监督,按资本和劳动力要素协调的利润分配模式

在传统村落的旅游发展过程中,利润分配是社区参与的一项非常重要的内容。构建利润分配模式要充分考虑社区的需要,在政府的监督下,企业与居民共同进行利润分配。主要是通过市场运作,合理分配经营市场,带动前畈村整体脱贫,重点解决贫困居民就业、资产收益的问题。社区居民对于从旅游开发中获取效益十分关注,但是不少旅游地在制定旅游规划方案后,在旅游发展过程中大部分利益被开发商占有,因此规划时应由政府、企业、社区(居民)共同商定旅游开发的利益分配方案,包括社区居民搬迁、土地转让、就业;政府对企业征缴的收入中用来改善居民福利的份额;政府或企业给予社区居民在教育、培训等方面的补偿方案。

目前,前畈村旅游经营的掌控者是相关管理部门,在经济利益的分配中较少考虑居民的权益。在目前的旅游市场构成中,经营市场由3类构成:个体经营、企业经营、股份制经营。个体经营层次较低,不能形成规模效应;企业经营的市场缺少灵活性和多样性;股份制经营需要居民参股。在精准扶贫的背景下,前畈村在发展旅游时,可以整合3种市场经营方式帮助贫困居民脱贫。

(1)个体经营

根据前畈村的经济发展水平与资料要素禀赋来看,居民参与旅游发展的途径包括:经营家庭旅馆和餐馆、售卖土特产和纪念品等,这种经营方式较单一,经济规模较小,但是特色较为明显,可以创造就业机会。由于缺乏必要的资金、技术和设备支持,市场竞争力较弱,对旅游者的吸引力不强。在旅游发展的过程中要引导贫困居民从事旅游经营,增加就业,提高贫困居民的收入。同时,政府应统筹各方面的政策和资金,帮助个体经营的贫困户致富。

(2) 企业经营

政府应根据前畈村旅游发展的阶段特征,综合考虑旅游资源的承载能力,在政策与资金的双重扶持下,整合现有的具有一定规模的地方企业,使其规模扩大形成集团化发展模式,增强规模效应。针对没有经济能力进行个体经营的贫困居民要积极吸收其进入企业就业,解决部分贫困居民的就业问题。为了形成良性的旅游市场竞争环境,要以企业为市场主体,个体经营为补充。

(3) 股份制经营

旅游扶贫不应是独立的,而要基于当地社会、当地社区的旅游结构和市场前景。在社区经营的过程中,要积极发挥社区集体合作的优势,以社区居民参股为主要形式建立股份制合作企业,为居民提供就业机会,带动农户脱贫。另外,对贫困居民进行资金帮扶,贫困居民通过参与企业经营进行红利或股份分配。旅游社区的企业应遵循"收益付费"的原则,给社区居民提供就业机会,改善社区基础设施、旅游设施,并向社区居民开放。

3. 构建政府引导,企业、居民共同学习的可持续发展模式

贫困的根源在于缺乏必要的技能、知识,缺乏获取知识的途径以及参与各种经济活动的机会。构建政府引导,企业和居民共同学习的发展模式,需要政府制定相关政策,可以从环境保护、资源的可持续利用等方面进行,另外,政府要为企业和居民提供旅游业发展的最新动态和信息。旅游企业要学习最新的经营模式、思路、理念以及员工培训等方面的知识。贫困居民在多方合作帮扶下学习就业创业知识,参加旅游经营技能、旅游经营理念培训,这样可以使贫困居民能够更好地参与到旅游发展中来,以实现脱贫。

一是要加强地方政府的监管指导,保障旅游扶贫政策长效。政府是旅游扶贫的主导者,在"后旅游扶贫"时代,政府可从如下方面巩固旅游脱贫成效:第一,脱贫不脱政策,脱贫不脱帮扶,扶上马送一程,政府应继续统筹示范点旅游规划开发,持续投入旅游发展资金,扩大示范点旅游投融资渠道;深入挖掘示范点自然风光、历史文化和民族风情;不断完善示范点交通运输、通信网络、医疗卫生等旅游基础与配套设施并提高相关设施的公用性,做大示范点旅游"蛋糕",为巩固旅游脱贫成效提供强有力的物质支撑。第二,教育培训是阻断贫困人口返贫以及贫困代际传递的重要举措,提高贫困人口参与旅游教育培训的广度与深度,培训内容应由旅游接待礼仪等基础服务技能逐渐过渡至旅游经营与旅游管理的知识与技能。多措并举提升贫困人口的参与意识和参与能力,破除贫困人口参与旅游的心理障碍,避免贫困人口徘徊于基础旅游服务等产业末端环节,最大限度地提高贫困居民的收入水平。第三,积极与旅游企业或非政府组织联动,在尊重市场运行规律的前提下,通过小额信贷贴息、政府担保、税收减免等举措,鼓励旅游企业从劳动力雇佣、原材料采购、小型服务外包等生产经营环节履行社会责任,规避示范点旅游经济漏损,扩大旅游经济发展的溢出效应,从而使贫困人口获得更多净利益。第四,精准脱贫不落一人,针对贫困人口的性别、年龄、文化程度、家庭人均年收入以及家庭劳动力数量的差异,政府应坚持"因户而异、因人而异"的原则,针对贫困人口文化程度的不同,结合教育培训,安排与个人能力相匹配的就业岗位;针对家庭人均年收入的差异,对照相关优惠政策,给予不同力度的扶持。第五,旅游扶贫机制优化有利于旅游脱贫成效的巩固,示范点政府应进一步完善以贫困人口为中心的旅游参与机制,保障贫困人口旅游扶贫参与的知情权、决策权、分配权和监督权。

二是要提高旅游企业的责任意识,形成强大的旅游扶贫合力。旅游企业是推动旅游扶贫实践的"主力军"和"经济人",在"后旅游扶贫"时代,旅游企业应从如下方面拓展示范点旅游扶贫绩效的提升空间:第一,全方位掌握示范点自然、经济、社会、文化状况,充分发掘示范点的文化内涵和地方特色;发挥示范点的比较优势,对接旅游消费市场,创新旅游业态,打造品牌化、个性化和多元化的旅游产品;运用微博、微信、抖音等网络媒介,丰富示范点旅游产品宣传内容与形式,提高示范点旅游知名度,为示范点旅游发展"文化赋能"。第二,调整企业的发展战略,将示范点脱贫致富作为企业的发展目标,积极履行企业的社会责任,尊重贫困居民的主人翁地位,面向建档立卡贫困户进行专项招聘,转移示范点的剩余劳动力;组织受聘贫困居民进行文化技能培训,提高贫困居民参与能力;健全企业浮动薪酬制度和晋升管理机制,激发贫困居民的工作热情。第三,收购本地的蔬菜、水果、粮食等农产品是提高贫困居民净利益的重要方式,旅游企业经营者在保障企业正常运行的情况下,尽可能采用示范点自产的农副土特产品,为贫困居民创造增收渠道;同时按照产品质量的高低制定差异化价格,保障贫困居民利益最大化。第四,加强与政府的协调与沟通,制定精准、合理和科学的帮扶对策;积极争取小额信贷、政府风险担保以及税收减免政策,降低企业的经营成本,提高企业抵御风险的能力和应变能力,从而补强旅游企业的帮扶能力。

目前前畈村旅游产业较为单一,主要集中在住宿、餐饮、小商品买卖等方面,应进一步挖掘前畈村的特色旅游资源,鼓励贫困居民参与旅游发展并进行就业和创业。另外,政府和企业应给予扶持,扶持旅游经营示范户扩大经营规模,帮助其解决贫困居民旅游参与的启动资金问题。

只有政府引导,企业、居民积极参与,才有利于社区的发展,最终实现前畈村旅游的可持续发展。

4.2.4 结语

从前畈村旅游扶贫的实践可以看出,前畈村社区参与旅游开发的满意度不高。在未来的旅游扶贫工作中,当前首选脱贫要素是指导前畈村旅游扶贫的重要依据,是扶贫工作的重点。潜在脱贫要素是前畈村未来脱贫不可或缺的重要条件,也是前畈村未来脱贫的重要依据。而普通脱贫要素已经得到了社区的认可,在扶贫工作中正发挥着积极的作用。旅游扶贫在帮助贫困居民脱贫的同时,会带动整个社区的发展。在前畈村社区参与旅游开发的模式构建中要对这些内在要素进行探究,才能为当地旅游开发提供行之有效的模式。因此,对于社区参与旅游发展模式的构建有助于前畈村旅游资源的合理、可持续利用,更有助于社区贫困居民通过参与旅游发展实现脱贫。

本 章 小 结

旅游精准扶贫是针对不同贫困地区的旅游禀赋条件、开发条件、贫困人口状况,对旅游扶贫对象进行精准识别、精准帮扶和精准管理,帮助贫困地区通过发展旅游业摆脱贫困的有效途径,是精准扶贫理念融入旅游领域的具体体现。旅游扶贫方式与自然旅游、遗产旅游和民族旅游等不同类型的旅游业态紧密相关,国内外对于社区贫困居民参与旅游的相关研究正逐渐系统化,这些理论和实践范式为我国"后扶贫时代"巩固旅游脱贫成果,防止贫困地区再次跌入贫困陷阱提供了重要的启示。旅游扶贫效果评价涉及内容广泛,从经济效应到非经济效应,从正面效应到负面效应,这为本书的研究提供了重要的启示。

本章以天堂寨贫困居民为调查对象,对贫困居民参与旅游发展的情况进行调查,发现居民对社区参与旅游发展存在诸多不满,如旅游收入分配、参与旅游项目的种类、参与旅游发展的资金等。因此本章以贫困居民参与旅游开发实现脱贫为目的,结合案例地的实际情况,从三个方面建立社区参与传统乡村旅游开发模式:构建政府、旅游企业和居民三位一体的旅游经营管理模式;构建政府监督,按资本和劳动力要素协调的利润分配模式;构建政府引导,企业、居民共同学习的可持续发展模式。

贫困居民对旅游扶贫影响的感知程度是旅游扶贫效果的体现。随着旅游扶贫工作的开展,研究贫困居民的生活感知对旅游扶贫工作具有一定的意义,为实施精准扶贫提供合理的依据。基于探索性因子分析和结构方程模型方法,构建贫困居民生活感知满意度的概念模型,探讨贫困居民生活感知的影响因素,结果显示:① 贫困居民生活感知满意度评价由基础设施、文化教育、经济条件、社会和谐、扶贫参与、生态环境、生活成本 7 个维度构成。② 基础设施对满意度的影响最大,其次为经济条件、社会和谐、扶贫参与、文化教育、生态环境、生活成本。其中,生活成本与满意度表现为负相关。③ 贫困居民的个人属性特征对生活感知满意度产生重要影响。这验证了贫困居民生活感知满意度的形成机制,对乡村旅游扶贫工作的开展具有重要的意义。

在具有旅游业发展潜力的传统村落发展旅游业可以解决当地居民的就业问题,而社区参与能够提高居民的整体生活水平,这为实现旅游精准扶贫效果提供了有效的途径。

参 考 文 献

[1] 黄林秀,唐宁.城市化对农村居民生活质量影响的实证研究:以城乡综合配套改革试验区重庆为例[J].西南大学学报(社会科学版),2011(2):107-111.

[2] 叶小霞.少数民族地区居民旅游感知测量表研究[J].旅游管理研究,2012(5):40-42.

[3] 吴忠军.旅游对龙脊梯田文化景观影响研究[J].旅游论坛,2012,5(6):114-118.

[4] 李萍,王倩.旅游对传统村落的影响研究:以安徽齐云山为例[J].旅游学刊,2012,27(4):57-63.

[5] 胡幸福,胡静.旅游影响下古村落文化嬗变评价体系的构建[J].天津大学学报(社会科学版),2011,13(4):312-315.

[6] 常晓芳.乡村旅游地居民对旅游影响的感知与态度研究:以海南省典型乡村旅游地为例[J].旅游管理研究,2012(8):36-37,39.

[7] 赵向红,李沛,李朝锋.基于 BP 神经网络的居民生活质量影响因素分析[J].江南大学学报(自然科学版),2012(6):642-646.

[8] 廖文芳,麻学峰.湘西苗寨村民的旅游感知调查分析[J].遵义师范学院学报,2013,15(2):8-12.

[9] 梁智妍.广东省城市居民生活质量评价的实证研究[J].现代经济信息,2014(1):365-366.

[10] 张亮,赵雪雁,张胜武,等.安徽城市居民生活质量评价及其空间格局分析[J].经济地理,2014(4):84-90.

[11] 包军军,严江平.基于村民感知的旅游扶贫效应研究:以龙湾村为例[J].中国农学通报,2015,31(6):278-283.

[12] 蒋莉,黄静波.罗霄山旅游扶贫效应的居民感知与态度研究:以湖南汝城国家森林公园九龙江地区为例[J].地域研究与开发,2015,34(4):99-104.

[13] 翁时秀,彭华.权力关系对社区参与旅游发展的影响:以浙江省楠溪江芙蓉村为例[J].旅游学刊,2010,25(9):51-57.

[14] 杜宗斌,苏勤,姜辽.乡村旅游地居民社区归属感模型构建及应用:以浙江安吉为例[J].地域研究与开发,2013,28(6):65-74.

[15] 梁增贤.旅游地社区居民生活质量评估:检验多重差异理论的适用性[J].旅游学刊,2018,33(2):38-47.

[16] 汪侠,甄峰,沈丽珍,等.基于贫困居民视角的旅游扶贫满意度评价[J].地理研究,

2017,36(12):2355-2368.

[17] 秦远好,马亚菊,刘德秀.民族贫困地区居民的旅游扶贫影响感知研究:以重庆石柱县黄水镇为例[J].西南大学学报(自然科学版),2016,38(8):74-82.

[18] 何红,王淑新.集中连片特困区域旅游扶贫绩效评价体系的构建[J].湖北文理学院学报,2014,35(8):74-79.

[19] 刘小鹏,苏胜亮,王亚娟,等.集中连片特殊困难地区村域空间贫困测度指标体系研究[J].地理科学,2014,34(4):447-453.

[20] 刘林.边境连片特困区多维贫困测算与空间分布:以新疆南疆三地州为例[J].统计与信息论坛,2016,31(1):106-112.

[21] 张伟,张建春,魏鸿雁.基于贫困人口发展的旅游扶贫效应评估:以安徽省铜锣寨风景区为例[J].旅游学刊,2005,20(5):43-49.

[22] 钱佳,汪德根,牛玉.城市居民使用市内公共自行车的满意度影响因素分析:以苏州市为例[J].地理研究,2014,33(2):358-371.

[23] 曾本祥.中国旅游扶贫研究综述[J].旅游学刊,2006,21(2):89-93.

[24] 邓小海,曾亮,罗明义.精准扶贫背景下旅游扶贫精准识别研究[J].生态经济,2015,31(4):94-98.

[25] 邓小海.旅游扶贫精准帮扶探析[J].新疆大学学报(哲学人文社会科学版),2015,43(6):21-27.

[26] 杨静.基于精准扶贫背景下贵州省乡村旅游开发利用模式研究[J].城市旅游规划,2016(2):200-202.

[27] 桂拉旦,唐唯.文旅融合型乡村旅游精准扶贫模式研究:以广东林寨古村落为例[J].西北人口,2016,37(2):64-68.

[28] 陈秋华,纪金雄.乡村旅游精准扶贫实现路径研究[J].福建论坛(人文社会科学版),2016(5):196-200.

[29] 耿宝江,庄天慧,彭良琴.四川藏区旅游精准扶贫驱动机制与微观机理[J].贵州民族研究,2016,37(4):157-160.

[30] 吴靖南.乡村旅游精准扶贫实现路径研究[J].农村经济,2017(3):99-103.

[31] 卡茜燕.精准扶贫视野下的社区参与旅游扶贫研究:基于大理双廊村的调查[J].旅游研究,2017,9(1):74-82.

[32] 邢慧斌,席建超.燕山-太行山片区旅游精准扶贫模式创新研究[J].河北大学学报(哲学与社会科学版),2017,42(2):118-125.

[33] 张妍,刘建国,徐虹.贫困地区居民对旅游扶贫满意度评价实证研究[J].经济地理,2021,41(5):223-231.

[34] 陈兵建,李师师.连片深度贫困地区经济增长与城乡居民收入差距动态关联性研究:以甘肃临夏州为例[J].东北农业科学,2020,45(4):75-78,107.

第 5 章 安徽省旅游精准扶贫综合评价

本章首先基于 2010—2017 年的数据,结合精准扶贫内涵,构建精准扶贫多维绩效评价指标体系,运用模糊数学评判法,对安徽省金寨县精准扶贫绩效进行实证研究。结果表明,金寨县精准扶贫综合绩效是呈上升趋势的,扶贫绩效整体处于中等水平;各维度绩效差异较大,社会发展水平方面较好,而扶贫直接效果、经济发展水平、生产生活条件方面较差;金寨县扶贫措施单一,效果不够理想,应增加扶贫项目的类型,改善贫困人口的生产条件,推动优势产业的发展。然后,从利益再分配的角度出发,进行安徽省旅游扶贫工作的研究,探索乡村旅游精准扶贫利益构成主体,构建乡村旅游精准扶贫效果评价体系,搭建监督平台保障旅游扶贫的深入开展,最后优化利益再分配扶贫效果评价体系。旅游扶贫是一项复杂的民生工程,涉及多个利益相关者,只有协调好利益相关者的权益,平衡好利益主体的权利,才能达到旅游扶贫的效果。本章结构安排如图 5.1 所示。

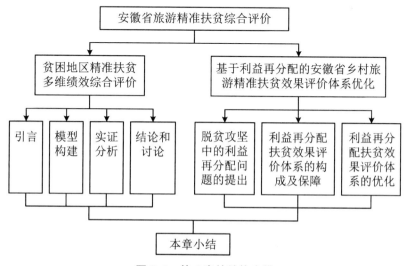

图 5.1 第 5 章的结构安排

5.1 贫困地区精准扶贫多维绩效综合评价

5.1.1 引言

随着我国扶贫工作的开展,脱贫攻坚战进入了关键阶段。贫困地区的基础设施落后、经济发展水平低下,通过扶贫可以改善这种局面。然而扶贫工作的绩效到底如何以及下一阶段贫困地区减贫工作的重点是什么,都需要通过评估全面了解,以便有针对性地制定扶贫战略规划。目前,仍有贫困人口居住在深山、石山、荒漠、高寒、地方病多发等生存环境恶劣、资源极度匮乏、不具备基本发展条件的地区。这些地区的贫困与生态环境、发展条件约束等问题相互交织、互为因果,就地加快发展、脱贫致富比较困难,特别是改善教育医疗等基本公共服务的难度大、周期长、投入高、见效慢。

安徽省金寨县是国家级首批重点贫困县,为中国第二大将军县,被誉为"红军的摇篮、将军的故乡",是非常有名的革命老区。截至 2017 年年底,全县共有贫困人口 4.6 万人,贫困发生率为 6.79%。对金寨县精准扶贫绩效进行评价,有助于当地脱贫致富,同时可为其他地区扶贫工作的开展提供新思路。

贫困地区的扶贫绩效已经引起了学术界的关注,有关扶贫绩效的研究方法主要有回归分析、层次分析、模糊评价,研究多从扶贫资金使用、扶贫项目效益、扶贫方式等方面进行[5-7],评估模式主要有扶贫开发理论和模型 2 个角度,研究成果较为丰硕。但是研究重点集中在连片特困地区及少数民族贫困地区,所使用的方法中定性研究较多,定量研究从某个切入点静态或动态地进行评价,在绩效评估的模型构建和指标选取上还有待完善。因此基于多维贫困理论,从多个角度构建扶贫评价指标体系,对金寨县扶贫绩效进行评估,可以丰富扶贫绩效的评估方法,以期能综合反映贫困地区在扶贫直接效果、经济发展水平、社会发展水平、生产生活条件等方面的综合扶贫效果。

5.1.2 模型构建

1. 计量模型建立

模糊数学评判法是研究"模糊现象"的数学方法,由美国加利福尼亚大学查德教授于 1965 年提出,是用定量方法去研究、处理模糊现象。运用此法对安徽省金寨县的精准扶贫多维效益进行研究,基本步骤如下:

(1)确定评价指标集合 U

$$U = \{u_1, u_2, \cdots, u_n\}\ (n\ 为指标项目数)$$

(2) 确定评语集合 V
$$V = \{v_1, v_2, \cdots, v_m\} \quad (m\text{ 为评语等级数})$$
(3) 确定评价指标权重向量 W
$$W = \{w_1, w_2, \cdots, w_n\} \quad (n\text{ 为指标项目数})$$
(4) 进行实际评判,构建模糊评价矩阵 R
$$R = \begin{bmatrix} r_{11} & r_{12} & \cdots & r_{1m} \\ r_{21} & r_{22} & \cdots & r_{2m} \\ \vdots & \vdots & \vdots & \vdots \\ r_{n1} & r_{n2} & \cdots & r_{nm} \end{bmatrix}$$
(5) 进行模糊评价
$$B = WR$$
(6) 进行归一化处理
$$B' = \{b_1 \quad b_2 \quad \cdots \quad b_m\}$$
(7) 根据最大隶属度法,对 B' 作出评价判断

其中,b_j 由 W 与 R 的第 j 列运算得到,它表示被评指标对评语集的隶属度。根据计算结果 b_j 的值来综合判断扶贫效益,b_j 的值越大则单因素对评语集的隶属度越高,即对扶贫效益的影响越大,反之则越小。

为了对结果进行更加直观的评价,对指标作出了级别评语,分别是"很差""差""一般""好""很好",并通过专家打分法对其赋值,分别为[0,0.2)、[0.2, 0.45)、[0.45,0.7)、[0.7,0.85)、[0.85,1]。

2. 指标体系构建及数据说明

(1) 指标体系构建

随着贫困内涵的延伸和发展,单从经济水平来衡量贫困的相关问题已经不能满足多维扶贫评价的要求。因此,贫困地区精准扶贫多维绩效评价指标的建立需按照以下步骤进行:首先,对精准扶贫和扶贫绩效评估的相关文献进行梳理,借鉴已有的扶贫绩效评价指标和体系,从中筛选出经济发展水平、社会发展水平、生产生活条件评估维度的部分指标,这些指标的信度已经被证实了。然后,通过对金寨县贫困居民和扶贫工作人员进行访谈,搜集了相关信息和建议,在此基础上综合考虑金寨县的实际情况,从经济发展水平、社会发展水平、生产生活条件、扶贫直接效果4个维度选取了30项评价指标,经过专家访谈再次删减,最终选取19项评价指标构建金寨县精准扶贫多维绩效评价指标体系(表5.1)。

表 5.1　金寨县精准扶贫多维绩效评价指标体系

目标层	准则层	指标层	单位	方向
精准扶贫多维效益评价指标体系	扶贫直接效果	贫困人口	万人	负向
		贫困发生率	%	负向
		低保对象	万人	负向
	经济发展水平	地区生产总值	亿元	正向
		财政总收入	亿元	正向
		地方财政收入	亿元	正向
		全社会固定资产投资	亿元	正向
		社会消费品零售总额	亿元	正向
		农村居民可支配收入	元	正向
		城镇居民可支配收入	元	正向
	社会发展水平	新型农村合作医疗参保人数	万人	正向
		新型农村社会养老保险参保人数	万人	正向
		每万人拥有的医疗卫生机构床位数	床	正向
		每万人中普通中学在校人数	人	正向
		城镇化率	%	正向
	生产生活条件	人均粮食产量	吨	正向
		人均用电量	万千瓦时	正向
		有效灌溉面积	千公顷	正向
		耕地面积	千公顷	正向

(2) 数据来源及相关说明

在考虑了研究目的和数据搜集可能性的基础上,将研究所需数据的时间定为 2010—2017 年,数据通过《安徽统计年鉴》和《金寨县国民经济和社会发展统计公报》获取,同时走访了金寨县人民政府及安徽省扶贫办等相关部门。

研究中所涉及的指标类型有负向指标和正向指标 2 种,利用极差变换公式,对指标进行无量纲化处理。具体计算公式如下:

正向指标:

$$X'_{ij} = \frac{X_{ij} - \min(X_j)}{\max(X_j) - \min(X_j)}, \quad i = 1, 2, \cdots, m; j = 1, 2, \cdots, n$$

负向指标:

$$X'_{ij} = \frac{\max(X_j) - X_{ij}}{\max(X_j) - \min(X_j)}, \quad i = 1, 2, \cdots, m; j = 1, 2, \cdots, n$$

为了对扶贫绩效进行科学的评价,研究中采用了熵值法进行权重的确定。根据各项指标观测值提供的信息量大小来确定指标权重,能显示出指标信息熵值的效用价值,其给出的指标权重具有较高的可信度。结合标准化特征矩阵,第 j 项指标下第 i 个样本对象占该指标的比重 $P_{ij} = \dfrac{X'_{ij}}{\sum\limits_{i=1}^{m} X'_{ij}}$ ($j = 1,2,\cdots,n$),熵值 $e_j = -k \times \sum\limits_{i=1}^{m} P_{ij} \ln P_{ij}$,评价指标权重 $w_j = \dfrac{1-e_j}{\sum\limits_{i=1}^{n} 1-e_j}$,得到评价指标权重向量 $W = (w_1, w_2, \cdots, w_n)$。按照上述步骤计算出金寨县精准扶贫多维绩效评价指标的权重(表5.2)。

表 5.2 金寨县精准扶贫多维绩效评价指标权重

一级指标及权重	二级指标	权重
扶贫直接效果 (0.213)	贫困人口	0.053
	贫困发生率	0.063
	低保对象	0.096
经济发展水平 (0.318)	地区生产总值	0.037
	财政总收入	0.057
	地方财政收入	0.058
	全社会固定资产投资	0.057
	社会消费品零售总额	0.051
	农村居民可支配收入	0.037
	城镇居民可支配收入	0.021
社会发展水平 (0.203)	新型农村合作医疗参保人数	0.023
	新型农村社会养老保险参保人数	0.021
	每万人拥有的医疗卫生机构床位数	0.055
	每万人中普通中学在校人数	0.078
	城镇化率	0.026
生产生活条件 (0.266)	人均粮食产量	0.042
	人均用电量	0.135
	有效灌溉面积	0.049
	耕地面积	0.04

5.1.3 实证分析

1. 扶贫多维绩效演变评价

为了更加直观地观察和分析 2010—2017 年金寨县扶贫综合绩效及 4 个维度绩效的变化趋势,运用熵值法计算指标权重,再根据 $S = \sum_{i=1}^{n} w_j X'_{ij} (j = 1, 2, \cdots, m)$ 计算出评价综合得分(图 5.2)。

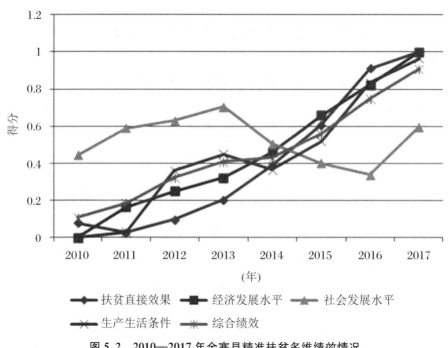

图 5.2　2010—2017 年金寨县精准扶贫多维绩效情况

(1) 综合绩效演变评价

金寨县是著名的革命老区,由于地理位置偏僻,交通不便,经济发展落后,目前是国家级贫困县。但是金寨县的红色旅游资源丰富、水资源丰富、土地肥沃,具有独特的扶贫优势。金寨县 2010—2017 年扶贫综合绩效持续上升,扶贫绩效得分由 0.107 上升到 0.909。另外,从图 5.2 可以看出"十三五"时期金寨县扶贫绩效增长显著高于"十二五"期间。"十二五"时期,金寨县已开展扶贫工作,从旅游、农业、教育等方面推进扶贫工作,但是这一时期的工作没有提高到战略层面上来。近年来,金寨县通过不断创新扶贫模式,实行全方位帮扶,为贫困村修建道路和水利等基础设施,使贫困村居住环境得到改善,贫困居民收入得到提高,同时也丰富了贫困居民的文化生活。

(2) 维度绩效演变评价

① 扶贫直接效果绩效评价分析。扶贫直接效果可通过贫困人口、贫困发生率、低保对象等指标反映出来,其能够直观地反映一个地区的脱贫效果。从2010年开始,金寨县贫困人口不断递减,贫困发生率不断下降,扶贫绩效得分不断升高。这与金寨县发展旅游业和特色农业有关,近年来金寨县充分利用当地的旅游资源优势大力发展旅游业带动当地居民脱贫致富,同时发展了一批特色农业,贫困居民脱贫效果显著。通过专项扶贫解决贫富差距、区域发展不平衡等问题。

② 经济发展水平绩效评价分析。2010—2017年金寨县扶贫经济发展绩效有显著的成果,绩效得分逐年提高,对扶贫综合绩效有很大的贡献。金寨县贫困地区经济发展水平不断提高,贫困人口经济收入不断增加。通过支持合作社、龙头企业发展的方式,合理安排贫困人口就业务工,保证了贫困户的收入。另外,对有技术和能力的贫困户发放扶贫贷款,扶持贫困户发展养殖业和种植业。因此,经济扶贫对于金寨县贫困的改善效果显著。

③ 社会发展水平绩效评价分析。金寨县扶贫在社会发展方面也产生了绩效,虽然其是在急剧下降后才逐渐上升的,但在一定程度上推动了金寨县社会的发展,使贫困人口享有了社会保障和社会服务。从医疗扶贫来看,金寨县各地区的医疗扶贫投入是不平衡的,因此在扶贫补助资金上要适当向特困地区倾斜。另外,金寨县贫困人口接受教育的程度较低,这阻碍了农村剩余劳动力的转移和农业产业结构的调整。上述因素不仅影响了社会发展水平,也导致了社会发展增速落后于同期经济发展增速和生产生活条件提升增速。

④ 生产生活条件绩效评价分析。金寨县的生产生活条件绩效从长期来看呈上升趋势,其中2014年较2013年有小幅回落,但总体的上升趋势未改变,这说明金寨县的生产生活条件维度对扶贫绩效有一定的贡献。近年来,金寨县非常重视农业发展与可持续发展,如安排产业资金支持贫困户农业产业的发展,完成贫困村小型水利、农田、道路等脱贫项目,促进贫困人口生产条件和人居环境不断改善。

2. 隶属度评判

根据模糊综合评判指标,结合"很差""差""一般""好""很好"5个级别,判断扶贫绩效的隶属度情况。

由表5.3可以看出,2010—2017年总体指标模糊评价为"一般"的评价值最高(0.326),根据最大隶属度原则,说明2010—2017年金寨县精准扶贫多维绩效处于中等水平。具体到各个维度来看,2010—2017年金寨县精准扶贫的扶贫直接效果模糊评价为"很差"的评价值最高(0.488),根据最大隶属度原则,说明扶贫直接效果维度绩效很差;经济发展水平评价为"很差"的评价值最高(0.352),根据最大隶属度原则,说明2010—2017年金寨县精准扶贫的经济发展水平维度很差;社会发展水平评价为"很好"的评价值最高(0.268),根据最大隶属度原则,说明 2010—2017 年金寨县精准扶贫的社会发展水平维度很好;生产生活条件评价为"很差"的评价值最高(0.44),根据最大隶属度原则,说明 2010—2017 年金寨县精准扶贫的生产生活条件维度很差。

表 5.3　2010—2017 年金寨县精准扶贫多维绩效隶属度情况

级别评语	扶贫直接效果	经济发展水平	社会发展水平	生产生活条件	综合
很差	0.488	0.352	0.255	0.44	0.217
差	0.037	0.191	0.13	0.132	0.215
一般	0.156	0.128	0.224	0.023	0.326
好	0.106	0.142	0.123	0.063	0.088
很好	0.213	0.187	0.268	0.342	0.154

5.1.4　结论和讨论

运用多维贫困理论,在构建多维扶贫评价指标体系的基础上,运用熵值法计算指标权重和综合评价得分,在模糊数学评判法的基础上对 2010—2017 年金寨县精准扶贫绩效进行判断。第一,金寨县精准扶贫综合绩效是呈上升趋势的。根据时序数据分析,2010—2017 年精准扶贫绩效得分持续上升,由 2010 年的 0.107 上升到 2017 年的 0.909;根据隶属度级别可判断出 2010—2017 年精准扶贫综合绩效处于中等水平,即说明近年来金寨县精准扶贫绩效逐年好转。金寨县被列入国家级贫困县,发展受到中央和省市的政策支持和资金倾斜,同时金寨县具有丰富的自然资源和旅游资源,因此扶贫效果较为显著。第二,各维度绩效存在一定的差异。由时序数据分析可以看出,扶贫直接效果维度和社会发展水平维度对扶贫绩效贡献较小,生产生活条件维度和经济发展水平维度对扶贫绩效贡献较大。依据最大隶属度原则,各维度级别评价差异较大。社会发展水平评价很好,其他评价均不高。

金寨县精准扶贫瞄准度有待加强,要继续开展特色扶贫工作。经济发展水平绩效和生产生活水平条件绩效评价均有待提高。全国的贫困发生率为 3.1%,而金寨县的贫困发生率为 6.79%,远远高于全国平均水平。目前金寨县虽已落实十大举措和十大工程,但是在扶贫措施上较为单一,效果不够全面。由于贫困地区大多基础条件和设施不完备,地区所处位置较为偏僻,建设战线较长,投入的资金难以满足贫困人口的需要。

在金寨县精准扶贫多维评价指标中,除了经济发展、扶贫直接效果的相关指标外,还包括医疗健康、教育、设施、产业发展等指标。贫困人口对于精准扶贫效果的期望已经超出了经济领域，还涉及家庭及个人的医疗健康、教育、设施、产业等范畴。贫困人口除期望通过精准扶贫增加地区及家庭收入外，还期望可以改善公共设施和基础设施。

在多维评价指标中，经济发展水平权重最高，其他依次为生产生活条件、扶贫直接效果、社会发展水平。随着扶贫工作的开展，扶贫效果受到学者的关注，在扶贫过程中，扶贫方式从粗放型逐渐转向精准，在扶贫项目的选择上逐渐增多，改善了贫困人口的生产条件，推动了优势产业的发展，使贫困地区的经济水平不断提高，贫困人口收入不断增长。

本书研究中还存在一些问题，在构建精准扶贫多维评价指标时，虽进行了文献梳理和访谈，也从专家角度对指标进行了筛选，但是仍然不具备广泛性，在以后的研究中需进一步完善评价指标。在运用模糊数学评价法的过程中，评级区间选择的主观性较大。本书研究仅以安徽省金寨县为例展开，并未对其他类型的贫困区域进行对比，在未来的研究中将加强精准扶贫绩效的对比，扩大研究的范围，增强研究的适应性。

5.2　基于利益再分配的安徽省乡村旅游精准扶贫效果评价体系优化

5.2.1　脱贫攻坚中利益再分配问题的提出

在2015年减贫与发展高层论坛上，习近平主席强调在扶贫工作中要坚持中国制度的优势，实施精准扶贫战略，注重6个精准：扶持对象精准、项目安排精准、资金使用精准、措施到户精准、因村派人精准、脱贫成效精准。同年，旅游扶贫纳入推进实施精准扶贫的十大工程之一。2016年，国家旅游局、扶贫办等部门发布了《关于印发乡村旅游扶贫工程行动方案的通知》，乡村旅游扶贫成为贫困地区脱贫的重要途径。在乡村旅游精准扶贫中，如何保障各方的利益，对于顺利完成脱贫攻坚的任务有着重要的意义。2020年是我国精准扶贫的收官之年，扶贫工作走向另一个阶段。因此，从利益再分配的角度出发，立足成效，一方面可以打开新的理论思考空间，为乡村旅游扶贫评价体系提供新的理论视角和经验；另一方面，在乡村旅游精准扶贫工作中满足利益主体的利益协调和利益需求，从而深化旅游扶贫工作，促进旅游业的健康持续发展。

由于乡村旅游发展涉及政府、企业、居民及游客等多方利益相关者，在旅游扶贫推进过程中容易出现项目运营不合理、利益分配机制不科学、管理存在漏洞等问题，导致经济漏损、精英俘获、公地悲剧等现象时有发生，社区居民常处于"旅游去权"的状态。这在一定程度上严重影响了社区居民生活质量的提高和旅游参与的积极性,给当地旅游业的可持续发展带来诸多不利影响。作为脱贫攻坚中的重要议题,利益再分配的目标是发展经济,使贫困地区脱贫,平衡扶贫中利益主体的权益,共同促进乡村旅游的健康发展。20世纪90年代,英国国际发展局提出了扶贫旅游的概念,第一次将旅游与贫困建立联系。有学者通过研究得出收入差异会造成效益的偏向,认为扶贫过程中会出现利益输出的不平衡,最终会拉大贫困居民的贫富差。还有学者通过研究得出贫困居民如果想通过旅游来获取收入,那么在短期之内很难实现,这就需要政府出台政策措施加以保障。

国内的相关研究则是伴随我国精准扶贫的实践而逐步发展的。邓小海等[1]从精准扶贫的视角出发阐述了旅游式扶贫的方式、途径等,认为精准识别和精准帮扶在扶贫的不同阶段所发挥的作用有差异,精准识别的主体较为单一,而精准帮扶的主体不仅是政府、社会组织和旅游组织,还包括游客、当地居民,这些主体的利益诉求也是不同的。而关于旅游精准扶贫的相关研究则较多,研究重点在扶贫内涵、扶贫类别、旅游精准扶贫模式上。赵荣等[17]阐述了居民对旅游扶贫的认知,分别从经济、社会、环境等方面展开。马耀峰等[18]通过研究提出旅游扶贫的5个维度,分别是扶贫对象、扶贫主体、扶贫效益、规划和指向,并分析了旅游扶贫过程中存在的问题,最后提出解决措施。陈可伊等[19]通过研究从经济、社会、环境三个方面阐述了乡村旅游扶贫评价体系。

总体来说,旅游扶贫是贫困地区脱贫的一种有效手段,而评估该地区的旅游扶贫效果已成为现阶段研究的热点。学者们从乡村旅游扶贫的主体、内涵、评价模式等方面进行研究,研究逐渐细致,关注的重点是如何解决旅游精准扶贫中遇到的现实问题。但是可以发现,在目前已有的成果中缺少微观层面的利益主体的阐述。在乡村旅游精准扶贫中,利益相关者有政府、居民、游客等,在实际工作中,如果这些主体的利益得不到体现和满足,那么会影响旅游扶贫的最终结果。安徽省旅游局提出"3451"旅游扶贫工程,建立旅游扶贫观测体系,动态监测并对旅游扶贫的效果进行跟踪,提高了旅游扶贫工作的成效。因此,基于利益再分配的角度,应进行安徽省旅游扶贫工作的实证研究,探索乡村旅游精准扶贫利益构成主体,构建乡村旅游精准扶贫效果评价体系,搭建监督平台以保障旅游扶贫的深入开展。

5.2.2 利益再分配扶贫效果评价体系的构成及保障

旅游扶贫是一项复杂的民生工程,涉及多个利益相关者,只有协调好这些利益相关者的权益,平衡好利益主体的权利,才能达到旅游扶贫的效果。因此,只有根据利益主体的期望制定合理的协调机制,才能使乡村旅游精准扶贫达到满意的效果。在安徽省乡村旅游精准扶贫的发展中,在政府的宏观调控下,旅游企业组织实施,社区居民直接参与,旅游者体验反馈,形成开放、循环的发展模式,最终实现乡村旅游地精准扶贫工作的顺利开展。

1. 利益再分配评价体系的构成

(1) 政府:宏观调控

为了推动乡村旅游扶贫工作,政府可以通过制定扶贫计划、完善基础设施、开发旅游项目等来实现,还可采取各种措施支持乡村旅游业的发展,如政策、资金、宣传等。政府在乡村旅游扶贫工作中,履行的职责有:招商引资、监督和管理、构建信息平台等。在制定乡村旅游扶贫规划中,要主动征询贫困居民的意见,吸纳贫困居民的建议,制定出符合贫困地区实情的规划措施。明确村庄中农户的权利,保障贫困农户能够全面参与旅游扶贫的过程,杜绝旅游收益集中在经济条件好、资源丰富的农户手中,保障全体农户公平享有旅游发展中的相关权利。同时,建立严格的责任追查制度,杜绝违反规定的行为,防止村民的利益被剥夺。加强政府监督机制,各级部门应积极向政府进行扶贫工作汇报,政府部门也应强化对相关责任部门的监察,形成明确的责任监督机制。

2016年,安徽省实施了乡村旅游扶贫"3451"工程,全省各地相继创建了A级旅游村,安徽省旅游发展委员会安排资金支持其创建,并在各地的旅游发展考核中体现旅游村的创建工作,加大对乡村旅游贫困重点村和适合发展旅游的贫困村的支持,旅游部门也积极投入到这一工作中来。另外,安徽省坚持完善乡村公共服务设施建设和旅游村基础设施建设,通过制定督查制度,建立旅游服务中心、游客停车场、旅游厕所、游览点(旅游标识牌)等,不断提高旅游村的服务质量。安徽省还在大别山连片特困区编制旅游项目,并进行"百景提升行动"。

(2) 旅游企业:组织实施

旅游企业主要指3类:外来投资者经营管理的旅游企业、以社区居民参股为主要组成部分建立的股份制合作旅游企业、居民个体经营的旅游小企业。旅游企业不但可以为游客提供产品和服务,还可为当地的贫困居民提供就业机会和岗位,保障贫困居民的权益。安徽省进行的"万企帮万村"活动,是针对旅游扶贫村的特色而展开的,通过开展旅游帮扶项目和活动,依托扶贫网的平台,多家企业结对帮扶旅游贫困村。各地通过探索,发展了符合当地的乡村旅游发展模式。与此同时,为了保障旅游企业和贫困居民的利益,政府为乡村旅游企业和经营户(贫困户)开展了技能培训。

(3) 社区居民:深度参与

旅游扶贫的最终目的是通过开展乡村旅游活动使贫困居民脱贫,居民是乡村旅游扶贫中最核心的利益主体,所有的活动都是围绕贫困居民的诉求而展开的,可保障贫困居民的利益,贫困居民参与旅游扶贫的程度能够影响其利益分配及精准扶贫的效果。旅游扶贫要以贫困居民的利益为核心,以贫困居民脱贫为目标,通过发展乡村旅游,让贫困居民真正实现脱贫。安徽省各地积极组织贫困居民参与政府、社区及旅游企业组织的技能培训,提高贫困居民的综合能力和参与旅游就业的能力,还支持贫困居民办民宿和出售土特产品,增加了贫困居民的家庭收入。为增强贫困居民的参与意识,政府、社区积极引导其参与到旅游示范点的规划、建设及运营中来。在乡村旅游扶贫的过程中,安徽省各地为了帮助贫困居民通过旅游脱贫,探索了"公司+农户""合作社+农户""村企+农户"等多种形式的扶贫。

(4)游客:体验反馈

精准扶贫旅游产品的开发需旅游者体验认同才能体现其价值,为了满足游客的需求,精准扶贫乡村旅游地需要提供优质的旅游服务和独特的乡村环境。游客可购买土特产品和手工艺品提高贫困居民的收入及增强贫困居民的市场意识。作为扶贫效果评价的主体之一,游客应尊重贫困居民的生活习惯和传统,保护旅游区的环境和古迹。安徽省乡村旅游贫困村会根据当地的特色和游客的喜好安排体验式活动,并会依据游客的反馈进行不断的改进。

2. 利益再分配评价体系的保障

(1)制度政策

为了积极探索乡村旅游和扶贫开发相融合的新路径,安徽省编制了《全省乡村旅游扶贫发展规划》《全省乡村旅游扶贫重点村开发指南》,文件中明确了乡村旅游发展的前景以及发展路径等。此外,为了促进乡村旅游精准脱贫,助力贫困地区消费脱贫,安徽省下发了《关于深入开展消费扶贫助力打赢脱贫攻坚战的实施意见》,其指出,要调动社会各方的力量,扩大贫困地区产品消费和服务消费;大力拓展贫困地区农产品流通销售渠道;大力促进贫困地区休闲农业和乡村旅游提质升级。旅游扶贫作为具有强大造血功能的扶贫方式,具有劳动力需求大、脱贫效果快、乘数效应大等优势,对于带动贫困人口稳定脱贫具有重要的作用。同时,发展乡村旅游,对当地的环境保护、文化传承、知名度提高等具有重要作用,是一种持续健康的扶贫方式。政府应加大对旅游扶贫的宣传,引导当地居民尤其是贫困农户参与其中,提高其参与旅游经营的主动性。

建立信息共享机制和扶贫联络系统,定期举行会议,整合各种有关扶贫的信息,并作出准确的扶贫决策;建立精准扶贫的激励和惩罚机制,明确各项工作规范,充分调动村民的工作积极性,为他们提供帮助。社会团体通过适当的渠道为支持工作作出贡献,并享有他们应该获得的权利和利益;建立增加贫困户收入的机制。要想立足于市场,必须要正确认识当地农民致富的经济基础和渠道,制定科学的发展计划和收入增长计划,并充分了解市场风险,以改善贫困治理的实施;建立评估贫困户扶贫的机制和保障体制,使贫困户摆脱贫困。

(2) 技术创新

为了精准识别扶贫攻坚区域、精准扶贫对象和区域层次,安徽省利用扶贫大数据平台监控相关数据。根据不同贫困地域的不同情况,实现贫困区域"扶贫对象精准"。贫困地区居民受教育水平相对较低,旅游经营、管理、销售等技能比较薄弱,对于互联网等技术掌握不足,难以有效地参与旅游经营。政府应定期对贫困人口进行旅游服务技能培训,使其更加深入地参与旅游发展而不是简单地出售劳动力,从而获得更多的旅游收益。

(3) 资金使用

在我国,大部分县政府的经济实力都是比较有限的,为了确保扶贫工作持续有效地开展,应该加强与社会资本方面的合作,采用鼓励的方式有效地吸引社会团体和资本投入到扶贫工作中去。改善贫困状况最快的方式就是加大扶贫资金的投入。单纯的政府财政扶持的精准扶贫适合该县经济的长期发展,针对精准扶贫工作而言,政府必须积极引进社会资源,扩大扶贫资金来源,以此减轻政府财政的负担与压力。例如,可以通过政府和相关部门的参与,建立适合扶贫政策的在线扶贫支持平台,扩大社会参与扶贫项目的途径,并在平台上发布有关的精准扶贫信息以及扶贫项目。在每年的全国"扶贫日"可以组织实地筹款活动,以鼓励更多的人参与精准扶贫。除引入社会扶贫外,还应引入社会基金,以指导私营企业和慈善组织参与扶贫工作。开展反贫困活动不仅为了实现精准扶贫的目标,还为了吸引更多的社会力量来帮助社会团体实现其价值并积极参与精准扶贫工作,通过富人帮助穷人,组织带领个人,真正实现全国农村一起步入小康生活。总体来说,不断扩大扶贫资金的来源,是政府扶贫机构及相关扶贫部门要积极执行的策略,同时建立在线扶贫平台,使对扶贫投资感兴趣的团队进行了解和投资,营造良好的扶贫投资环境和氛围,以更快地实现贫困户脱贫。

贫困人口资金不足限制其参与旅游经营,政府需要采取相关措施确保其有效参与。首先,在旅游发展初期,政府可以购买一批旅游经营设备,如商品销售设备、农家乐经营工具等,帮助其顺利运转起来。其次,对于在景区进行商品销售的贫困户,政府可以为其提供免费摊位;对于农家乐经营的农户,政府可为其进行农家乐挂牌等。最后,对于积极进行旅游经营的贫困户给予资金奖励,确保其旅游参与的积极性和就业的稳定性。

安徽省建立了各级扶贫开发资金项目整合管理平台,实现了"资金使用精准"。为了减少重复建设,提高资金使用率,安徽省整合政府专项扶贫资金、社会帮扶资金等。对于精准扶贫专项资金进行监督,掌握资金的使用去向。

(4) 考核监督

安徽省创新精准扶贫区域考核评价机制,实现"考核评价精准",根据贫困区域的具体情况设立具有差异化的考核指标。在安徽省旅游扶贫系统中,明确了旅游扶贫相关的管理制度,对于项目的申报进行层层选拔,必须经过旅游扶贫工作组的考察以及省政府的审批后才能立项及实施。为了细化管理,对旅游扶贫资金的使用进行监控,并根据扶贫效果进行调整。

5.2.3 利益再分配扶贫效果评价体系的优化

1. 理念创新:形成乡村旅游扶贫的共同价值选择

为了保障乡村旅游扶贫能够健康、持续发展,必须以高质量为要求、大数据为支撑。运用大数据技术,在扶贫网络内部构建平台,实现贫困数据的全面掌控及动态管理。利用监督平台搜集贫困居民参与乡村旅游活动的信息,制定相关协议与细则,宣传乡村旅游扶贫政策,负责扶贫考核工作。利用交易平台完善交易细则及风险管控,评估乡村旅游资源,引导旅游产品合理交易,鼓励贫困居民参与交易,提高贫困居民的经济收入。

激发贫困居民的内生动力,夯实旅游扶贫增收的基础。贫困居民是示范点旅游扶贫的主体,他们既是参与者也是受益者。在"后旅游扶贫"时代,首先,贫困居民应摒弃"等、靠、要"的思想,提振自我脱贫志气,变外部"输血"为自我"造血",避免外部力量过度帮扶所导致的"福利陷阱";积极参与社区旅游开发,依据个人能力选择适合自己的工作岗位;主动参加政府、村(社区)及旅游企业组织的技能培训,提高个人综合素质和综合能力。其次,贫困居民应不断拓宽家庭增收渠道,除参与旅游就业、出售农副土特产品外,还可通过资金积累、政府帮扶和非政府组织支持直接兴办农家乐和民宿;同时还可通过土地、传统手艺、房屋等入股参与旅游扶贫合作社,不断促进家庭生活方式多元化。再次,贫困居民应该增强主人翁意识,提高自身文化素养,积极参与示范点旅游规划、开发、建设与运营,对示范点旅游决策以及相关规划过程中存在的各种问题,进行监督并提出意见。最后,贫困居民应争做示范点优秀传统文化、工艺的传承者和生态环境的捍卫者,避免示范点因旅游开发而造成文化消逝和环境破坏;在家庭脱贫后,应主动退出"贫困人口",防止挤占公共资源,造成"公地悲剧",阻碍示范点整体脱贫的进程。

探索人才管理机制,培育扶贫人才。坚持贫困居民培训与专业旅游人才引进相结合,强化旅游从业人员素质,激发贫困居民参与旅游业的热情。可实行"一对一"培训指导,通过旅游从业培训,使贫困居民成为旅游经营者、旅游带头人。制定人才引进计划,积极引进旅游人才,特别是对于具有旅游扶贫经验的人才,应给予相应的优惠政策。另外,可加强与省内高校的合作,吸引旅游管理毕业生参与到乡村旅游扶贫建设中来。

2. 机制创新：形成乡村旅游扶贫的多元协同行动

（1）建立多部门联动机制

为了构建高效的多部门管理机制，协调多部门的工作，并监管扶贫工作的落实情况，需进行多部门联动，满足在实施乡村旅游扶贫中政策的整体协调，并通过科学的链接，满足乡村旅游扶贫的控制要求，合理配置资金、人才等资源，为实现扶贫效益最大化打好基础。为实现多部门联动，需要多元化的操作手段，多部门的多层面参与、积极配合和支持，使乡村旅游扶贫真正走出误区。

（2）强化扶贫监管体系

积极吸收政府、旅游企业、社会力量等利益各方参与到乡村旅游扶贫的监管活动中来，形成以政府为主体，旅游企业自律、社会力量监管的监督运行体系。政府在做好制度构建的同时需在项目的审批、过程的执行中进行严密的监督，落实好乡村旅游精准扶贫到户，并保证将扶贫资金运用到乡村旅游扶贫工作中。此外，由政府牵头，大量的社会力量监督，保证了安徽省乡村旅游扶贫工作规范化、合理化、科学化。作为扶贫工作的直接受益者，贫困居民也应履行监管者的职责。为了让贫困居民获取更高的经济效益，提高其生活质量，同时保护旅游地生态环境和文化，需鼓励贫困居民参与到乡村旅游扶贫工作的监督中来，进一步提升扶贫工作的效率。

另外，政府应该建立常态化的扶贫项目监督机制，保持对扶贫项目的长效管理。只有对扶贫项目进行常态化管理才能及时了解企业扶贫项目的进展情况，对有问题的扶贫项目和扶贫企业进行及时处理，避免因为各种原因造成扶贫项目发展缓慢甚至停滞，保证扶贫项目平稳健康地运行。只有扶贫项目平稳运行，才能取得预期的扶贫效益，而对扶贫项目的监督和管理是达到预期扶贫成效的重要保证，因此，政府部门必须加强对扶贫项目的监督和管理。

（3）完善扶贫效益评估机制

建立和完善第三方评估机制，可以更好地促进社会力量参与到扶贫开发的过程中来。首先，第三方评估机构一般是指具有权威性和专业性的中介机构或组织。对于扶贫开发项目本身，不从项目中获利，可以更好地评估项目的进度、规划和完成程度，比政府和社会力量自身的评估更专业、更独立、更客观。同时，第三方评估机构也可以搜集信息及项目的相关数据，找出存在的问题，及时给出专业的改进意见，从而避免具有强烈主观色彩的自我评估，提高评估的科学性和有效性。乡村旅游扶贫效益的评估除了由政府对绩效进行考核外，还需引入第三方评估机构进入评估工作。乡村旅游扶贫效益评估可从设施、服务、产业等方面展开，除此之外，还需对扶贫资源的使用、扶贫对象的培训等情况进行分析。

3. 内容创新：形成乡村旅游扶贫的全方位发展

（1）产业融合，培育旅游新业态

生活水平的提高可促使游客的需求不断增加，旅游业在发展中会跟其他产业相融合，满足游客的需求。旅游业和农业相融合是乡村旅游扶贫的主要体现，可以将贫困地区的农产品、乡村环境、农耕文化、现代农业生产、民风民俗融入乡村旅游产品中，并向游客提供当地的特色农产品，满足游客对乡村生活的向往。旅游业可与教育科技相融合，立足农业优势产业，引进科技智能项目，发展高科技农业，还可吸引游客参与农业活动，带动相关产业与教育融合发展。除此之外，旅游业还可与体育产业、文化产业等相互融合，共同发展，带动贫困地区经济的发展和贫困居民收入的提高。

（2）创新产品，打造旅游品牌

目前安徽省具有竞争力的产品不多，为了进一步提高农户的收入，需打造本地特色、有差异化的产品品牌。要充分利用当地的优势资源，发展具有地区特色的产业，生产高质量且超过市场标准的产品，并根据市场的需求扩大生产规模。还需建立产品质量监测和查询体系，提高产品的知名度。另外，要积极打造特色产品的品牌，增加产品的文化价值，在相关媒体营造热点话题，将特色产业推广成为具有市场竞争力的品牌。乡村旅游是已被证实了的在旅游消费领域中发展潜力最大、具有极强带动性的产业，它的发展前景很广阔。随着近年的发展，乡村旅游业逐渐走向了品牌化，可以利用品牌优势促进乡村旅游的发展。为了加强乡村旅游品牌的传播，必须注重品牌的独特性，可以打造凸显当地特色旅游资源的项目，打造具有差异化、特色化的旅游品牌。可把文化优势资源转化为乡村旅游资源，形成有特色的、有品质的乡村旅游文化品牌。为了形成品牌优势，打造高质量的乡村旅游品牌，可依靠"互联网+"旅游公司专业运营。

（3）拓展生计方式，提升人力资本

单一生计方式下的农户经济风险较高，应进一步加强农业与其他产业的融合，进行多样化经营，使农户生计变得多样化。一是探索高效利用土地资源的方法，进行多样化的农作物种植，并减少对环境的污染和破坏，增加农户收入；二是充分挖掘当地的旅游资源和文化资源，开展生态游活动，探索新的经营模式和融资渠道，延长产业链。完善基础设施，加强活动的推广，保护传统文化，带动农户就业；三是拓宽农户的就业渠道。充分利用扶贫政策鼓励农户创业，提升农户的人力资本。还可利用社会网络推动农户向外转移就业，提升农户生计的多样化水平。

安徽省乡村旅游扶贫工作已经取得了巨大的成就，利益主体之间可以相互配合，为实现贫困地区脱贫共同努力。安徽省区域性整体脱贫问题已经基本解决,为了巩固脱贫攻坚成果,激发贫困地区发展的内动力,在以后的工作中,要进一步平衡利益主体的权利,才能达到旅游扶贫的效果。

本 章 小 结

扶贫工作作为国家实现小康发展的关键要素,对于我国社会经济的发展有着关键性的作用。自我国改革开放以来,贫困问题一直是困扰我国建立小康社会的主要因素。经过长期的扶贫发展,我国针对扶贫工作的研究也取得了诸多成果。在党的十九大报告中,习近平总书记明确强调"中国特色社会主义进入了新时代"。面对这种全新的环境,需要对扶贫展开全新的思考。2020年作为精准脱贫工作关键性的一年,是我国奔赴小康社会的主要阶段。所以,需要对各个贫困区域内的扶贫成效展开分析,只有深度了解贫困区域的脱贫情况,才能够有效提高贫困区域的内生动力,从根本上实现我国小康社会的长远发展。

第一,旅游扶贫是一项复杂的民生工程,涉及多个利益相关者,只有协调好利益相关者的权益和平衡利益主体的权利,才能达到旅游扶贫的效果。应从利益再分配的角度出发,进行安徽省旅游扶贫工作的研究,探索乡村旅游精准扶贫利益构成主体,构建乡村旅游精准扶贫效果评价体系,搭建监督平台保障旅游扶贫的深入开展,优化利益再分配扶贫效果评价体系。

第二,结合精准扶贫的内涵,构建精准扶贫多维绩效评价指标体系,运用模糊数学评判法,对安徽省金寨县的精准扶贫绩效进行实证研究。结果表明,金寨县精准扶贫综合绩效是呈上升趋势的,扶贫绩效整体处于中等水平;各维度绩效差异较大,社会发展水平方面较好,而扶贫直接效果、经济发展水平、生产生活条件方面较差;金寨县扶贫措施单一,效果不够全面,应增加扶贫项目的类型,改善贫困人口的生产条件,推动优势产业的发展。

参 考 文 献

[1] 邓小海,曾亮,罗明义.精准扶贫背景下旅游扶贫精准识别研究[J].生态经济,2015,31(4):94-98.

[2] 邓小海.旅游扶贫精准帮扶探析[J].新疆大学学报(哲学·人文社会科学版),2015,43(6):21-27.

[3] 洪业应.精准化旅游扶贫的理论与实践:以涪陵区为例[J].劳动保障世界,2015(14):42-43.

[4] 傅显捷.生态旅游综合产业发展与地理标志产品研究:从武陵山片区酉阳县生态旅游

与精准扶贫说起[J].长江师范学院学报,2015,31(6):21-29.
[5] 白芸蔓.旅游精准扶贫的实践研究:以国家水利风景区为例[J].中国水利,2015(23):22-24.
[6] 赖斌,杨丽娟,李凌峰.精准扶贫视野下的少数民族民宿特色旅游村镇建设研究:基于稻城县香格里拉镇的调研[J].西南民族大学学报(人文社科版),2016(12):154-159.
[7] 杨建,韩宗伟,张翊红.旅游精准扶贫的作用机理和推进策略[J].云南社会科学,2016(6):52-56.
[8] 王涛,王新文.政府主导乡村旅游扶贫中的问题与对策[J].河北软件职业技术学院学报,2019(2):54-57.
[9] 陆娇,方世明.旅游精准扶贫体系研究:以广东丹霞山夏富村为例[J].湖北农业科学,2017,56(2):360-364,369.
[10] 康爽,杨霞.汉源县乡村旅游扶贫存在的问题及对策研究[J].西华师范大学学报(自然科学版),2018(1):94-99.
[11] 杨祎,梁宜人,黄润,等.六安市旅游精准扶贫模式研究[J].皖西学院学报,2016,32(2):19-22.
[12] 邢慧斌,朱安琪.基于游客视角的太行山片区乡村旅游发展模式创新研究[J].河北大学学报(哲学社会科学版),2020,45(1):120-129.
[13] 桂拉旦,唐唯.文旅融合型乡村旅游精准扶贫模式研究:以广东林寨古村落为例[J].西北人口,2016,37(2):64-68.
[14] 尹晶晶.旅游扶贫视角下的乡村治理路径探究[J].云南农业大学学报(社会科学版),2020(4):22-27.
[15] 王慧.旅游扶贫背景下乡村旅游开发模式的研究[J].中国农业资源与区划,2017,38(3):198-201.
[16] 张晓.民族地区旅游扶贫多主题参与模式探析:以四川省马边彝族自治县为例[J].地域研究与开发,2018,37(2):99-103.
[17] 赵荣,甘萌雨.基于居民感知的农村地区旅游扶贫效益研究:以砀山光明村为例[J].福建师大福清分校学报,2015,130(3):34-40.
[18] 马耀峰,刘胜军,白凯,等.我国旅游扶贫对象、主体、规划、指向和效益的审视[J].农林经济管理学报,2016,44(6):80-85.
[19] 陈可伊,杨绍李,杜天豪,等.精准扶贫背景下乡村旅游模式及其精准扶贫绩效分析:基于宜昌市长阳县的调研[J].湖北经济学院学报(人文社会科学版),2020(11):25-29.
[20] 孟志华,李晓东.精准扶贫绩效的第三方评估:理论溯源、作用机理与优化路径[J].当代经济管理,2018,40(3):46-52.
[21] 赵正,侯一蕾,温亚利.精准扶贫项目与农村居民收入增长:基于倾向得分匹配模型的分析[J].统计与信息论坛,2018,33(11):104-110.
[22] 钱力,张陈,宋俊秀.安徽省大别山连片特困地区扶贫绩效评价:基于三阶段DEA模型和超效率DEA模型[J].江汉大学学报,2018,35(5):55-64.
[23] 肖开红,刘威.电商扶贫效果评价及可持续反贫政策建议:基于农户可持续生计能力视角的实证研究[J].河南大学学报(社会科学版),2021,61(5):41-49.

第 6 章　总结与展望

6.1　总　　结

本书对乡村振兴战略背景下的安徽省旅游精准扶贫路径进行探讨,是旅游精准扶贫研究的一个重要方面。此外,本书在对安徽省旅游精准扶贫地区现状进行调查的基础上,巩固了乡村振兴与乡村旅游协同发展的扶贫效果并进行了实证分析,且针对安徽省旅游精准扶贫下居民与社区参与度、精准扶贫背景下传统村落旅游开发的社区参与模式以及旅游精准扶贫评价问题进行了深入细致的研究,具有较强的应用价值。作为一种特殊的扶贫形式,旅游扶贫从本质上来说可带来经济效益,但也必须兼顾旅游业的可持续发展问题。

本书的主要内容包括:

① 针对旅游发展的相关理论与旅游扶贫的结合问题,提出了本书的研究工作布局;基于对安徽省旅游业发展对安徽经济的影响因素分析,研究了旅游产业与区域经济发展的耦合协调度(以黄山市为例)以及旅游产业与城市化发展的耦合协调度问题,引领了本书的主要研究内容和方向。

② 采用了 DEA 法与 MI 法,对安徽省内某些旅游精准扶贫(包括安徽省安庆市及皖北地区)的效率测度问题进行了深入研究,主要涉及旅游精准扶贫效率及各自的时间演进等问题。

③ 以天堂寨贫困居民为调查对象,基于案例地的实际情况构建了旅游经营管理模式、按资本和劳动力要素协调的利润分配模式以及可持续发展模式。在此基础上,采用因子分析和结构方程模型方法构建了贫困居民生活感知满意度的概念模型,探讨了贫困居民生活感知的影响因素。

④ 针对安徽省金寨县扶贫工作的现状,构建了乡村旅游精准扶贫效果评价体系,运用模糊数学评判法,对精准扶贫绩效进行了实证研究。

作为一个系统工程,旅游精准扶贫的研究点主要涉及扶贫对象、旅游项目、居民参与度和认可度、居民受益程度等一系列需要解决的理论与现实问题。本书的内容较好地对其中一些问题给予了研究与解答,具有较高的学术价值。

6.1.1 本书的研究成果

本书的研究成果如下:

(1) 关于安徽旅游业发展对安徽区域经济影响方面的分析

通过构建回归模型进行计量分析,证实了安徽旅游收入对安徽经济影响显著。通过构造能够比较全面地反映 2 个子系统发展成效和协同效应的耦合评价模型,实证分析了安徽旅游产业与区域经济发展的耦合效应以及安徽旅游产业与城市化发展的耦合效应,得出 2 个系统之间的交互耦合关系确实存在,但从时间角度来看,在不同的发展阶段,两者之间的耦合协调状况不同。这方面的成果及结论,一方面可以让读者对旅游业与区域经济之间的相互影响、相互促进有直观的认识,另一方面也可以为政府制定相关旅游发展政策提供建议。

(2) 关于安徽旅游精准扶贫效率测度及综合评价的分析

通过构建投入产出指标体系,运用 DEA 法及 MI 法分别对安庆市 2011—2017 年各县(市)的旅游扶贫效率和旅游扶贫效率的变化情况进行测算,结果显示旅游扶贫效率整体呈下降趋势,但太湖县、望江县的 MI 均值大于 1,说明这 2 个县的旅游扶贫效率呈上升趋势。此外,发现安庆市各县(市)之间的旅游扶贫效率分布不均匀,这说明经济水平与扶贫效率不一定呈正相关。此外,通过运用 DEA 法及 MI 法分别对皖北地区 2013—2018 年 8 个县的旅游扶贫效率和旅游扶贫效率的变化情况进行测算,结果显示所研究县的旅游扶贫效率变化总体呈上升趋势,同样得到了经济发展与扶贫效率不一定呈正相关的结论。所以,旅游及扶贫主管部门应当加强合作,从调整产业结构、整合旅游资源以及设计差异化旅游扶贫路径几个方面来开展前期工作,后期从技术和产业结构等方面来切实设计旅游扶贫工作,进一步激发旅游扶贫工作的正向效应和可持续效应。

(3) 对于安徽省旅游精准扶贫下居民与社区参与度问题的研究

首先,这部分内容主要探讨了贫困居民生活感知的影响因素,分析了贫困居民个人属性特征对生活感知满意度产生的重要影响。在以天堂寨镇前畈村为调查对象的基础上,从旅游经营管理、利润分配和可持续发展三个方面建立社区参与传统乡村旅游开发模式。其次,本书构建了贫困居民生活感知满意度的概念模型,探讨了贫困居民生活感知的影响因素。通过分析发现,贫困居民生活感知满意度评价被很多因素影响,其中基础设施对满意度的影响最大,并且验证了贫困居民生活感知满意度的形成机制。这些研究工作为实现旅游精准扶贫效果提供了有效的途径。最后,本书发现安徽省精准扶贫绩效整体处于中等水平,扶贫直接效果、经济发展水平、生产生活条件等方面的表现不太理想,需要进一步采取相应的政策措施给予解决。

6.1.2 本书的局限性

本书的相关研究还存在如下不足之处:

① 本书因旅游扶贫的年份限制,只对相应年份的数据进行了搜集、处理和分析。并且,衡量指标不是很全面,时间跨度也不够长。同时,未从横向角度对省外某些地区旅游产业与城市化的耦合协调状况进行比较分析,这将是笔者未来的研究方向之一。

② 本书基于旅游扶贫的视角验证了贫困居民生活感知满意度的形成机制,对居民生活满意度相关理论的研究和乡村旅游扶贫工作的开展有一定的科学价值。但本书在评价指标体系的构建过程中,针对专家的指标筛选方法选取较少,这将在以后的研究中给予完善。

这些不足之处对后续研究提出了新的要求,需要在日后的研究过程中进一步对其深化扩展。

6.2 展　　望

随着旅游扶贫工作日益稳定,作为大量人群集散地,后疫情时代下旅游区也必须保持常态化防控反应能力。能否快速有效地处理旅游区产生的废旧物资,将直接关系到疫情防控的效果,这也是检验旅游区快速防控管理水平的重要标准。此问题将衍生出更多的研究点。为丰富和完善旅游管理的研究内容,在本书所做工作的基础上,有如下几个方面可作为今后的研究方向。

(1) 后疫情时代旅游区环境治理

旅游区的绿色发展是全面推进生态文明建设的重要方面,而生态文明建设以环境治理为核心。作为旅游区管理的重要内容,进行有效合理的废旧物资回收处理,是后疫情时代旅游区环境治理的重要保障和方法。废旧物资回收处理的效果源于对旅游区管理效果的监督、对旅游区运营目标的审查以及对旅游区经济和环境绩效的综合评价。显然,这部分研究具有一定的现实意义。

(2) 后疫情时代下旅游区废旧物资回收处理责任分担

若要明确后疫情时代下旅游区的常态化管理内容,需要确定废旧物资回收处理的责任内容、责任边界以及责任配置制度制定的可行性。所以,在清晰界定相关责任的基础上,按照权责对等的原则确定旅游区废旧物资处理及环境部门的回收处理责任清单,并确保此清单覆盖权力运行的全过程,这既是需要解决的问题,也是笔者后续的研究内容之一。

(3) 旅游区废旧物资回收处理责任绩效评价体系研究

显然,按照后疫情时代的常态化防控需求,责任配置评价标准应包括环境法规、回收处理标准、责任方工作及技术标准、环境影响规避标准等。如何使评价指标易于度量,如何有效选取具有代表性的旅游区废旧物资处理相关方为研究样本,采集相应的指标数据,进行实证研究,是需要进一步明确的问题。这部分研究既是对指标体系的检验工作,也是笔者后续的研究方向之一。